「志」　アイスショーに賭ける夢

目次

「志」　アイスショーに賭ける夢

序　志あるところに道はひらける

　会場の明かりが消え、レーザーの青い光が浮かび上がる。鏡のように磨かれた氷の上に、スケーターたちがひとりまたひとりと現れる。さまざまに色を変える照明と、ステージで演奏されるライブミュージックに包まれて、空間が一気に夢の世界に変化する。フィギュアスケートが生み出す第一級のエンターテインメント、アイスショーの始まりだ。

　主催するアイスショー「ファンタジー・オン・アイス」をはじめとして、私はこれまでフィギュアスケートの世界に三十年以上にわたって携わってきた。競技としてのフィギュアスケートが大きく発展して、日本のスケーターが強くなり、多くのファンを獲得するのと軌を一にしながら、エンターテインメントとしてのフィギュアスケートも発展してきた。スポーツでありながらエンターテインメントでもあるという、他に類を見ない特徴をもつフィギュアスケート。その魅力に引き込まれ、それを追求するなかで、新たな魅力を開拓してきた年月だった。その全貌を振り返りながら、エンターテインメント事業を展開するとはどういうことか、その面白さと難しさ、出会ったスケーターやアーティストたちとのエピソードをまとめたのが本書である。

イベントの制作会社として発足した株式会社ＣＩＣは、当初は受注ビジネスを展開していた。スポーツやプロモーションなど、さまざまなイベントの主催者または代理店等から仕事を受注し、イベントを運営する仕事だ。そこから、アイスショーを自分たちで主催する事業へと進出したことが大きな転機となった。「請け負って運営する」仕事から、「自分たちでコンテンツを生み出す」仕事へと進出し、二つの分野を同時にやり遂げたことが、ビジネスとしての成功につながったと考えている。制作会社である私たち自身がエンターテインメント事業の主催者となったことで、よりよいコンテンツを生み出す意志がより的確に、よりスピーディに反映できるようになり、アイスショーを発展させてくることができた。これは「フィギュアスケートの面白さ」を追求するなかで、結果として行き着いたあり方なのだが、じつは、エンターテインメントの主催を制作会社が務めるという事例はそう多くはない。どんな舵取りによって、エンターテインメント事業への航路を進んできたのか、制作会社ならではの強みを生かしたビジネス展開のひとつのケースとしてご覧いただけたらと思う。

近年、「モノ消費」から「コト消費」に人々の関心が移り変わってきたという分析がよく聞かれる。情報があふれかえる便利な世の中になったことで、逆に多くの人々で同じ体験を分かち合うこと、リアルな体験に価値を置くことが増えてきた。アイスショーは、この「コト消費」にあてはまる。公演を期待で胸を膨らませて待ち、当日を迎える。会場に集まり、生身のスケーター、生身のアーティストがその場で生み出す、二度とは出会えない特別な時間に身をひたす。拍手と歓声を送り、そのフィードバックでまた変化するパフォーマンスに夢中になる。「見る」経験であるとともに、「参加する」経験ともなるのがアイスショーの面白いところだ。このエンターテインメントの感動を最大化することが我々の任務。考え抜いたアイディアが実現し、お客さまの心が動く瞬間に立ち会うことは最大の喜びである。これほど楽しい仕事もないかもしれないとさえ思う。

お客さまを驚かせたい。お客さまに夢を見ていただきたい。そして、アイスショーという場を通して、スケーターたちが成長する機会を作り出したい。そういう「志」をもって、私はこの三十年を進んできた。その間のさまざまな出来事をたどることで、エンターテインメントとしてのフィギュアスケートの世界がどんなふうに変化してきたか、そしてこれからどんな方向へ進んでいくのかを描き出せたらうれしいと思っている。

アイスショーに出演し、力を尽くしてくれた才能あふれるスケーターのみなさん、夢の空間を作り出すために努力してくれたスタッフのみなさん、そして何より、私たちが生み出すアイスショーの価値を信頼して足を運んでくださった観客のみなさまの存在がなければ、いまの私はどこにもいない。みなさまに感謝をするとともに、しばしのあいだ、煌びやかなアイスショーの舞台裏にある世界にご案内したいと思う。

第一章　フィギュアスケートとの出会い

●アバディーン、1995

　フィギュアスケートの世界で伝説となっている場面がある。

　一九八四年、サラエボ冬季オリンピック。イギリス代表としてアイスダンス種目に出場したジェーン・トーヴィル&クリストファー・ディーンが滑った「ボレロ」だ。同じリズムで次第に高まっていくラヴェル作曲の音楽を、トーヴィル&ディーンが豊かな感情をこめて滑り、世界を魅了した美しいダンスだった。まだ6・0が満点だったころで、アイスダンス史上初めて芸術点で審判全員が揃って満点を出し、金メダルに輝いたプログラムである。

　どういう状況で映像を見たのかは記憶していないが、この「ボレロ」に釘付けになったことをはっきりと覚えている。アイスダンスだから、難しいジャンプや力強いリフトの技があるわけではない。氷にエッジが接触してから演技時間をカウントするという当時のルールをかいくぐるために、氷に膝をついて向き合ったポーズから演技を始め、少しでも長くとった演技時間を生かしてストーリーを描き切るという工夫があったことも、そのときは知らなかった。それでも、観る者を惹きつけて離さない魅力が、そのパフォーマンスにはあった。

その一年後、世界プロフィギュア選手権というイベントが日本で行われた。プロスケーターを招聘し、試合の形式で演技を披露してもらうものだ。業務でこのイベント運営に携わっていたから、出場するために来日したトーヴィル&ディーンが舞う「ボレロ」を目の前で見ることができた。実際に目の前で見る世界最高のスケートは、それまでの「フィギュアスケートとはこういうものだ」という漠然とした理解を吹き飛ばす力があった。

私はイベントの制作を手がける会社に籍を置き、一九八三年のNHK杯で初めてフィギュアスケートと関わる仕事に携わった。だが、当時はフィギュアスケートがどういうものかはまだよく把握しきれていなかった。そんな人間でも、目の前にいるスケーターの演技に、否応なく惹き込まれる。これはエンターテインメントだ、と感じた。厳しい鍛錬を要求するスポーツでありながら、観客を魅了するエンターテインメントとしての要素も兼ね備えている。面白いスポーツだ、と思ったのが、真の意味でのフィギュアスケートとの出会いだったように思う。

トーヴィル&ディーンはその後もフィギュアスケートにおいて特別な存在であり続け、「ボレロ」の音楽は後代のスケーターにとって、軽い気持ちで滑ることのできない伝説の曲となった。サラエボから十年後、彼らは一九九四年のリレハンメル・オリンピックでプロのまま競技復帰して銅メダルを獲得。さらにその翌年の一九九五年、彼らの母国であるイギリスで、自分たちの名前を冠したアイスショーのツアーを率いて各地を回ることを知った。

ちょうど一九九五年三月には、イギリスのバーミンガムで世界選手権が開かれることになっていた。私は大会運営の視察のために、この世界選手権に行くことが決まっていたのだが、前後する日程でトーヴィル&ディーンのアイスショーが開催されるということがわかった。開催地は、スコットランドの北方に位置する都市アバディーン。プロとなった彼らが魅せるアイスショーとはどういうものか、どうしても見に行きたい。そう考え、滞在日程を延ばして見に行くことにした。バーミンガム世界選手権の目的は、三年後の長野オリンピックを視野に、大会運営のノウハウを蓄積するためだったのだが、そのころから「エンターテインメントとしてのフィギュアスケートの可能性を探りたい。いつかアイスショーを手がけてみたい」という思いが芽生えていたのだ。

ライブのアイスショーを見るのは、このときが初めてである。どんなものが繰り広げられるのか、想像が膨らんだ。この期待感もショーの一部なのだ、そう思った。アバディーンへ降り立ち、会場へと向かった。観客席に座っているのは金髪の人たちばかり。もちろん東洋人はひとりもいない。その会場の最前列に私の席があった。アジア圏でアイスショーに関心を寄せるプロモーターはまだ誰もいなかったころだ。

ショーが始まると、トーヴィル＆ディーンの滑りは往時そのままの見事さで、なめらかかつ詩情のあるスケーティングが堪能できた。照明や全体の演出にも凝っていて、ショーとしての一体感がある。スケーターの演技を引き立てるための演出、演出を生かすためのスケート。双方がよいフィードバックを与え合う内容に、これがアイスショーかと深く感銘を受けたものだ。

いいと思えば善は急げという性質なので、このショーの日本への誘致ができないかと考えた。主催者に申し入れを行って交渉のテーブルについたのだが、さまざまな条件が折り合わず、そのときは断念せざるを得なかった。出演料、演出料を含めたパッケージで、先方から総額一億円あまりの金額を提示され、目を回してしまったのだ。到底払える額ではなかった。当時は「フィギュアスケートをエンターテインメントとして見せる」という発想が受け入れられる土壌が、日本にはまだなかった。

だが、二十年以上にわたって携わってきたアイスショー事業の、これが出発点だった。同時に、プロデューサーの立場でエンターテインメントとしてのフィギュアスケートのあり方を考えるときに、いつも参照する原点のひとつでもある。このときにアイスショーに出会えたことも、つねにアンテナを立てて、チャンスをつかみに行く姿勢を持ち続けていたからだと思う。

長くアイスショー事業を続けてこられたことにはいくつもの理由と環境要因があるが、それを紹介する前に、ここで私がプロデューサーの仕事に至るまでの前史に簡単に触れさせていただきたい。

それを通して、エンターテインメント事業としてのアイスショーが育ってきた「時代の空気」がお伝えできたらと思う。

●生い立ち

生まれは一九五七年、東京都北区。父は工務店を営んでいて、生まれてしばらくして板橋区に移った。家の前で、ちょうど環状七号線を舗装する作業をしていたことをよく覚えている。ちょうど一九六四年の東京オリンピック直前で、世の中が好況に沸いていたころだ。家に出入りする職人たちも数が多く、ひとりっ子だったから彼らに遊び相手をしてもらっていた。

父は昔気質で学問とは縁のない職人だったから、息子は大学にやりたいと思ったのだろう。教育にはひときわ熱心だった。両親の希望で、小学校から地元ではなく私立の学校に進み、中学受験をして国立の東京大学教育学部附属中学校に進学した。教育学部の附属だけに、当時の先進的な教育が行われており、一学年の人数も少なく、中学から高校の六年間をのびのびと過ごした。

当時はテレビ制作が花形の職業だ。多聞に漏れず私もテレビマンの仕事に憧れていたから、高校三年のときには、日本大学芸術学部（日芸）だけを受験すると決めていた。第一志望は放送学科だったが、日芸ならどこの学科でもいいと思って、そのほかの大学は結局受けなかった。日芸は芸術系の大学のなかでも一種のステータスのある学部だったのだ。

当時、日芸は六学科あるうち、最大で三学科まで受験できた。放送学科、映画学科、演劇学科に出願し、映画学科に合格。受験面接で「どのコースに行きたいか」と質問されて、コースの希望を言ったせいで落ちたらいやだな、どうせならいちばん偉い監督だろう、と思って「監督コースです」と答えた。それで、映画学科監督コースに進学することが決まった。

映画学科には監督コースのほかに撮影、録音、演技、理論、脚本などのコースがあって、それぞれのコースに所属する学生同士で組んで、一年次から制作実習がある。監督コースの学生は、役割上も監督を務める。下級生のあいだは8ミリビデオを回して撮影をするのだが、学年が上がってくると機材もよくなって、映画用の本格的な16ミリフィルムの機材を使わせてもらえた。卒業時も、提出するのは卒業論文ではなく映画の卒業制作だ。

もともと映画少年というわけではなかったが、映画作りは面白かった。学生時代から多くの仲間と一緒に監督という立場で映画を作っていたのは、言ってみればプロデューサーとして監督的な立場で関わっている現在の制作の仕事と共通している。気になったことは自分の目で見に行こう、興味をもった人には会いに行こう、そういうメンタリティ、プロデューサー気質は、このころから持っていたかもしれない。学外の劇団に声をかけて、一人前にオーディションを開催し、出演者を選ぶようなこともあった。一方では、体育会スキー部に所属して、冬場は山にこもりきりだった。

四年生になるとずっと卒業制作に打ち込んでいたから、およそ就職活動というものをしなかった。四年次の十月くらいになっても、卒業制作のフィルムの編集作業をしているだけだったのだから、呑気な毎日に周囲のほうが心配になったのだろう。「学部推薦を出してやるから、東京12チャンネルの採用試験を受けてこい」と大学側に言われ、現在のテレビ東京を受けたのが唯一の就職活動らしい活動だった。学部から三人が学部推薦をもらって面接に行ったのだが、残念ながら三人とも落ちてしまった。そこで受かってテレビマンになっていたら、いまの自分や会社はなかったかもしれないのだから、面白いものだ。大学の同期には、テレビ番組の制作会社やCMの制作会社に入った人間が多かった。それだけ活況で、現場で働く人が求められていたのだろう。

結局、就職先が決まらないまま卒業した後、しばらくして大学に紹介されたテレビ番組の制作会社でアシスタントディレクターの仕事を始めた。ADとして、最初に担当したのはTBSのクイズ番組の制作だ。「スーパーダイスQ」といって、土居まさるさんが司会だった。最初は面白かったが、数ヵ月働くうちに、段取り通りに機械的に撮影する現場の進行がつまらなくなってしまった。毎日放送する帯番組を一週間分まとめ録りしていたから、進行は全部あらかじめ決まっていて、一番組分の収録が終わると出演者が上着を着替えて次の日のための番組を録る。そんな段取り通りの進行がマンネリに感じられ、すぐに飽きてしまったのだ。それで、三ヵ月もしないで辞めてしまった。

そこで大学でお世話になった講師に連絡を取ったところ、映画学科の先輩が働いているという制作会社「スタッフ東京」を紹介された。放送作家のはしりだった塚田茂さんが社長として率いていた会社だ。「夜のヒットスタジオ」「8時だョ！全員集合」などのテレビ番組の構成を作るだけでなく、会社としてイベントの構成・演出・制作も手がけていて、入ったばかりの私は会社が請け負ったイベントの仕事に携わるようになった。この時代は、セールスプロモーションイベントが隆盛を極めていたころだ。

台本があり、いつでも録り直しができる録画テレビ番組の制作とは違い、イベントはやり直しがきかない一発勝負。一回限りの本番へ向けて、多くの関係者が連携しながら作り上げていく緊張感は段違いだった。関わる人たちの真剣さの度合いも違っていて、トラブルも、怒られることも多いが、そのぶん達成感も大きい。その仕事に、それまでに感じたことがなかった手ごたえと面白さを感じた。

なかでも、イベントの仕事をしていきたいと強く考えるようになったきっかけが、「日本の祭り」というイベントに関わったことだ。「日本の祭り」は、日本各地で行われている伝統的な祭りが一堂に会して華を競い合う壮大なイベントだった。勇壮な山車や神輿を現地から運んできて、会場の神宮外苑絵画館前広場で本番の熱気そのままに再現するのだから、今だったら実現が難しいくらいの大規模なイベントだ。会場は野球場五つ分の広さがあった。

イベントでは、青森ねぶた、弘前ねぷた、秋田の竿燈をはじめ、日本各地の有名な祭りを実演展示した。トリを飾るのは勇壮な青森ねぶたで、ねぶたの山車の顔・胴体を十一トントラック五台くらいで運び、当日までにねぶた師により現地で組み立てる。踊り手であるハネトは現地青森と同様、ハネて踊ってねぶたの後に続く。

もともと、旧盆の時期に、帰省がかなわない東京の人たちに故郷を思い出してもらいたいという趣旨で開催されたイベントである。季節も違い、現地のハネトの方々に来てもらうことはできない。そこで開催地近くで人を集めるべく民族芸能文化連盟から協力を得たり、アルバイトを雇って教えたりと、演者を集めるのも開催側の仕事だった。それでも人が足りず、私たちスタッフも時間が来れば衣装に着替えて練り歩く。ステージから次のステージへの目まぐるしい転換を進行しつつ、臨機応変に現場を切り回していく仕事だ。そのリアルタイムの面白さに、高揚感を感じていた。

「日本の祭り」は、フジサンケイグループの一角を占めるニッポン放送の本社に事務局が置かれていたのだが、そこに出入りするうちに、イベントを仕切っていた制作会社「１００２《イチマルマルニ》」に入社しないかと誘われた。それまでに関わった仕事はみんな短期の契約だったから、正式に社員として入社したのは「１００２」が初めての会社になる。一九八一年秋のことだ。

どんな現場でも、予期せぬアクシデントが起きる。それを時間内に解決して本番をトラブルなく成功させてこそのイベントの成果だ。緊張に弱いタイプの人にとってはプレッシャーの高い仕事だろうと思う。だが私は、「失敗が許されないのは、面白い」と思った。若く未熟だったから、当然自分の失敗も多く、冷や汗をかきながら謝ることも多かった。だがどんな未熟者でも、現場で鍛えられればだんだんと一人前になっていく。次第に任される裁量が増え、責任をもって運営するイベントの数も増えていった。昔のことだから、いつ何時呼び出されようがクライアントの指名なら馳せ参ずる。クライアントの言うことは絶対で、徹底的に人付き合いをよくしていった結果、いつのまにか営業成績はトップになっていた。

性格的にも能力的にも適性があったのかもしれない。どんな仕事でもそうだが、やはり向き不向きというものはある。そのうえで、これもどの分野にもいえることだが、いくつ場数を踏んできたか、いかに打たれてきたかによってその後の成長が決まる。私は無数の現場経験に育ててもらった。いま振り返ると、人生は結局のところ、どれだけ場数をくぐり抜けたかにかかっているのかもしれない。

●独立起業

入社した「1002」の社長は森千二さんといって、のちに新日本フィルハーモニー交響楽団の専務理事になった人である。手がけるのはクラシック音楽に関わる仕事が中心だった。会社も、クラシック音楽のコンサートなどを制作する部門と、それ以外の委嘱イベントをなんでもやる部門とに分かれていた。後者の部門は、フィギュアスケートをはじめ、さまざまなスポーツイベント、SPイベントをいっしょくたに担当する。私は後者の部門を担当した。足かけ十四年その会社にいたが、最後の数年は先輩を飛び越して三十七歳で取締役となり、イベント部門を取り仕切った。

フィギュアスケートのイベントを初めて担当したのは一九八三年の第五回NHK杯だったと記憶している。それまでに蓄積したスポーツイベントの経験を生かせる分野として新しく会社が受注したもので、初めて担当したときはとりたててフィギュアスケートに関心が高かったわけではなかった。だが次第に惹きつけられていったのは前述の通り。まだそのころはメジャーなスポーツではなかったが、熱心なファンの多いスポーツだということには当初から感銘を受けていた。その後、一九九四年の幕張での世界選手権をはじめ、フィギュアスケートの大会やイベントを継続的に担当した。

九〇年代の終わりに差しかかると、森社長が還暦を迎えるにあたり、会社の事業継承の問題が立ち上がった。誰かに事業を継がせることを考えたときに、森社長の頭にまず浮かんだのが私だったらしく、次期社長にならないかと打診を受けた。私としては畑違いにあたるクラシック音楽の部門まで担当することはできないと思ったし、二十五人いた社員を全員引き受けるのは難しいと断った。だが一年後、もう一度打診を受けた。今度は、「真壁は真壁で、独立して自分でやったらどうだ」というのだ。

当時、クラシック音楽の部門は安定した業績を上げていたが、私が担当していたイベント部門は、受注の動向と規模によって売り上げの上下が激しい。社長は六十歳を過ぎて、安定して制御できる範囲に事業を縮小することを考えたのだろう。

いまであれば、事業継承の必要性も難しさも理解できる。経営手腕を見込まれたありがたさも感じる。社長としてはその後のことを考えたのだろう。だがまだ若かった私は、「制作会社としての存続のためか」とネガティブに解釈する気持ちもあった。じつは、決して青雲の志に燃えての独立起業という経緯ではなかったのだ。だが何事も運とタイミングである。そう腹を括り、会社を作って独立することを念頭に動き始めた。

まず自分の担当部門の社員全員に手紙を書いた。彼らに「真壁と一緒に新会社に移る／これを機にやめる／どちらでもない」と三つの選択肢を示して、それぞれに先行きを考えてもらった。社員の意向を無視する形で起業することはできないから、彼らに自分たちの意志でついてきてもらうことが重要だった。

社員のことを考えたら、次は資本金である。新会社を設立するには当然ながら資本金がいる。当時は株式会社の設立には資本金一〇〇〇万円を手当てすることが必要だったから、これを銀行から借り入れようと考えた。だがとても借りられず、結局前会社から納得ずくで分離独立した形になったこともあり、本来自己資金でなくてはいけないところを、森社長に申し入れてそのすべての資金を貸していただいた。それでも家賃や給与などで約三ヵ月で底をつき、母をともなって銀行に行って、実家を抵当に入れて手当てした。前会社にはその後三年をかけて返済した。

どうにか資本金は準備できたが、初めから社員を抱えての起業だから、まだ事業が軌道に乗る前から相当の運転資金が必要になる。毎月、社員に給料を払い、おんぼろビルとはいえ銀座に借りた新社屋の賃料も払わなければならない。この運転資金をどうしようと考えているときに、面白いことが起きた。

そのころ、仕事のあとに夕食がてら昔ながらの居酒屋によく寄っていた。住まいの周囲に企業の寮や社宅が多かったので、同じように夕食を食べに来ているひとり客がほかにもいたのだが、そのなかのある人と気が合い、話をするようになった。何度か酌み交わすなかで、どういう話の流れだったのか、「会社を始めたんだけれど、資金がなくて」という話をしたのだろう。しばらくしてその人が、「私が少し手を貸しましょうか」と言い出した。じつは、彼はとある大手銀行に勤務しているバンカーだったのだ。支店の融資係との間に入ってくれて、なんと二〇〇〇万円を、しかも無担保で貸してくれた。

無担保で融資をするのはもちろん特別扱いである。何が決め手だったのか、事業のどこを見込まれたのかは私には知る由もないが、これには本当に助けられた。起業してから最初の数ヵ月は運転資金が出ていくばかりで、入金はかなり先になる。最初のころはどうなってしまうのかという思いが先に立ったが、次第に社長としてのプレッシャーに慣れていった。

　こうした経緯での独立だったが、前の会社には恩義を感じている。森社長は私たち夫婦の仲人でもあり、独立資金も貸していただいた。公私ともに親同然の存在であり、いまも深く感謝している。だから、二〇〇六年に開催したエキシビション「メダリスト・オン・アイス」でフルオーケストラを舞台に登場させる演出をしたときも、古巣の会社に手配を頼んだし、それ以来いまにいたるまで音楽関連の手配をお願いしている。

　どんな仕事も、最初に誰かの恩義を受けたからこそ、取り組むことができている。原点にある恩義を忘れることなく、仕事に取り組んでいきたいという姿勢は、仕事のうえで私が大切にしていることのひとつだ。

第二章　受注ビジネスからの脱却

●ＣＩＣ設立

一九九九年四月、株式会社ＣＩＣを設立した。前の会社から六人の社員が一緒に働きたいとついてきてくれて、いきなり六人の従業員を抱える会社の代表になったわけだ。社員に給料を払い、会社を存続させるという責任は、それまでに経験したどんなものとも違う重さだと感じられた。

設立して最初の一、二年は、前の会社から引き継いだ仕事にしっかりと取り組むことに注力した。前の会社のころから、私には営業マンとしての適性があったようで、各方面にいろいろな人付き合いが多かった。自分が代表になってからも、仕事といえばまずは営業である。前の会社でそれまでに関わりのあった取引先に、日夜発注をお願いしに行く。だが独立したからといって、急にそれまでの取引先が「ではは今度からはＣＩＣさんに仕事を出します」と簡単にはいかないものだ。遺恨があるのではだとか、勘繰られることだってないとはいえない。その対策として、前会社の社長に「事業を真壁に譲った」と周知してもらい、そのうえでとにかく発注をいただいた仕事にしっかりと取り組むことが、その先の仕事につなげるためにも重要だった。

社長である自分が先頭で苦労して、前会社でやってきた仕事を新会社に引き継ぎ、足元を固める。社外的にも社内的にも、当面はそれが大事だと腹を決めていた。とはいえ、起業して一、二年のあいだ、そこにかなりのエネルギーを費やしながらも、じつは内心「今後の方向性をどうしていくべきか」と非常に悩んでいた。

フィギュアスケートのみならず、スポーツイベントの運営はコンテンツとしての力が非常に強いことが会社をスタートさせて改めて実感された。各種スポーツイベントを取り仕切った実績と経験は新会社の宝だった。だが、既存の仕事に力を入れるということは、どうしても新しい仕事に恵まれる機会が少なくなることを意味する。たしかに、受注したイベントを運営する仕事は、会社の安定した実績につながるかもしれない。だが、その受注がいつまでも続く保証もなく、マーケット環境が変化して仕事自体が消滅する可能性すらある。我々の主領域はスポーツイベントだったから、そこまで激減することはないだろうと見込んではいたものの、会社の命運を預かる人間としては座して手をこまねいているわけにはいかない。

このままで会社は軌道に乗るのか。将来はどうなるのか。もっとも悩んだ時期のひとつだ。目の前の仕事を着実にこなすことは当然だが、長期的な視野をもって会社の将来の方向性を考えることは社長の最大の任務だといってよい。能力と経験を備えた社員たちに支えられながらも、その面では社長という存在は孤独だった。とはいえ、考えること、試行錯誤することを放棄するわけにはいかない。

こうして考え続けた結果、フィギュアスケートのみならず、サッカーや野球、スポーツ以外のイベントなど、ＣＩＣを信頼し発注していただいた仕事に取り組みながらも、だんだんと「自社事業が必要だ」という考えが固まり始めた。今後は、受注のみに頼る不安定なビジネスモデルから脱却し、自分たちの商品として売ることができるもの、つまり自社事業を展開することを模索しなくてはならない。

では、何を売るか。イベントをミスなく催行する能力が会社のかけがえのない強みなのだから、中核となる事業もやはりイベントなのではないか。そしてそのイベントを、もっとも得意な分野であるフィギュアスケートにおいて創出するのはどうか。

こうして浮上してきたのが、アイスショー主催事業の構想だったのだ。

実際に、当時の心配は的中した。起業したころに受注することが多かったセールスプロモーションイベントは、二十年経った現在では激減し、そうした領域で仕事をしていた他社はずいぶん消えていった。イベント受注だけに依存していたら、いまごろどうなっていたかと思う。

会社にとって幸運だったのは、二〇〇二年の世界選手権が長野での開催だったことである。起業する以前から同じチームで日本スケート連盟の仕事を請けていたので、長野世界選手権の運営にも選んでいただき、大きな仕事に携ることができるだろうという見込みがあった。つまり、二〇〇一年度の前半に多少冒険をしても、期末の三月に世界選手権という大きな仕事を見込むことができれば、設立して間もない会社の通期の業績を助けてもらえるのではないか……。

こうして、会社を設立して二年目、事業構想が固まり始めた私の頭に浮かんできたのが、フィギュアスケーターのフィリップ・キャンデロロだった。

●フィリップ・キャンデロロとの出会い

二〇〇一年一月、私はフランスのリヨンに入った。日本からパリを経由して、陸路でリヨンまで行く。当地には、競技会で長らく日英アナウンスを担当していて、スケーターにも顔が利く新村香さんが通訳を兼ねて同行してくれた。何をしに行ったかといえば、フィリップ・キャンデロロ主催のアイスショーを見に行ったのだ。

フィリップ・キャンデロロ。一九九四年リレハンメル・オリンピック、一九九八年長野オリンピックの銅メダリストであり、ことに日本では三銃士の扮装で滑った「ダルタニヤン」の名演で強い印象を与えた選手だ。甘いマスクと人好きのするオープンな性格の持ち主で、とくに女性ファンに高い人気があり、フィギュアスケートファンに限らずオリンピックをテレビ観戦した多くの人々を惹きつけた。いまもって、フィギュアスケート界きってのエンターテイナーだ。

私がフィリップの演技を初めて見たのは一九九四年、リレハンメル・オリンピックの直後の三月に、日本の幕張で開催された世界選手権だった。直前に銅メダリストになったことで知名度がますます上がっていたから、会場での人気も高かった。この年、彼は「ゴッドファーザー」のプログラムを滑っていた。フィギュアスケートの試合では二日間の日程でショートプログラムとフリースケーティングの二本のプログラムを滑るが、「ゴッドファーザー」は名作映画に想を採り、本来は別物の二本のプログラムが、同じストーリーの続きものになっているというアイディアのもとに制作されていた。これにひと目で魅了された。豊かな表情と独創的な動き、見る人をあっと驚かせるショーマンシップで、ファンが熱狂するのも当然のことと思わせるスケーターだった。

一九九八年の長野オリンピックで再び銅メダルを獲得。さっそうとした滑りでファンに強い印象を残しつつ、現役を引退した彼は、プロスケーターに転じてからも本国フランスはじめ世界各地で人気を博した。二〇〇一年当時、彼は本国フランスで自身のアイスショーを開催していた。現役のころからまるでアイスショーのような個性的なプログラムが多かったから、アイスショーに仕立て直して上演するのも自然な流れだったのだろう。

じつは、その前から、日本に自分のアイスショーをもっていくことができないかと、フィリップのほうでも日本のテレビ局に売り込んでいたらしい。メダルを獲った日本には彼自身思い入れがあり、また日本での人気も彼自身がよく承知していたから、フランスの次に日本で上演することを考えたのだ。だが、実際にショー当日に日本からはるばるやってきたのは、私と新村さんだけだった。彼の人気のあるなしというよりも、アイスショーを上演するという文化が日本でそこまで定着していなかったことが理由である。

本気なのは私だけだと伝わったのだろう。フィリップも、私と組んで日本でのショー開催を目指すと心に決めたようだ。さまざまな交渉があり、開催することで両者が合意したのは二〇〇一年七月。公演日はそれから二ヵ月後の九月に決まった。フィギュアスケートが人気スポーツになった現在であれば、スポンサーを募り、テレビ局をはじめ関係先と組んで共同で主催に名を連ねただろうが、その当時は組んでくれるメディア企業なんて一社もない。開催が決まったはいいが、すべてを自分のリスクでやらなければならないのだから、もし失敗したらどのくらい赤字が膨らむのか、損害額を漠然と想像することしかできなかった。

なにしろ、それまでは主催者としての経験がいっさいなかったのだ。チケット価格を設定したことがない。チケットを売ったことがない。チケットを売るための広報活動をしたことがない。海外スケーターに出演してもらうための招聘業務もしたことがなかった。ないない尽くしで、はなから大混乱に陥った。入国管理局に申請してから発給までに二週間を要する就労ビザについてはとくにはらはらさせられた。ビザ取得の手続きを自分たちでやらなければならないと気づいたのが公演の一ヵ月半前。まず「招聘経験のないところは原則的には認可しません」と言われてしまった。役所に通い詰めてなんとか申請を受理してもらわなければ開催があやうい。当時は郵送でやりとりするしかなかったパスポートのコピーなどの書類をなんとか取り揃えたが、不備を指摘されて書類がなかなか受理してもらえないうえ、どんなに懇願しても、公的機関の対応だから当然ながら発給までにかかる日数は規則通り、もしくは相手国の対応によって遅れることもある。公演に間に合わないのではないかと気を揉んだ。

たった二ヵ月の準備期間。まさしく右往左往である。複数の国の公的機関が関わるため間違いが許されない招聘業務に手をとられて、肝心の広報活動に手が回らなかったという反省も残った。とはいえ勝手がわからないながらも、新聞にチケットプレゼントを提供するのと引き換えに、記事として開催情報を載せてもらうというような試行錯誤も行った。恥ずかしながら見込み客に電話をかけ、チケットを売り込むというようなことまでやっている。これはとても社員には頼めず、妻に頼んだ。とにかく必死だったのだ。妻は快く引き受けて、何本も電話をかけてくれたが、その電話セールスで売れたチケットはなんとゼロ。その多くは懸賞マニアだったのかもしれない。フィギュアスケートに関心のある観客がそもそも少なく、なにしろ厳しかった。

こうして、二〇〇一年九月に「フィリップ・キャンデロロ・ジャパンツアー２００１」を新横浜プリンスホテルスケートセンター（当時）で開催した。スルヤ・ボナリー、ヴィクトール・ペトレンコ、マイヤ・ウソワ&エフゲニー・プラトフ、オクサーナ・カザコワ&アルトゥール・ドミトリエフといった、オリンピック・メダリスト級の実績と人気があるスケーターたちが参加した。日本の現役選手では、荒川静香さん、村主章枝さん、恩田美栄さん、田村岳斗さん、竹内洋輔さんが出演している。フィリップは「ダルタニヤン」、「ブレイブハート」をはじめ、観客を楽しませたいという熱意があふれんばかりのパフォーマンスを見せ、共演スケーターたちもエレガントな滑りからコミカルな寸劇まで、大活躍を見せてくれた。このときに、いまも招き続けている氷上アクロバットのオレクシイ・ポーリシュク&ウラジミール・ベセディンも一緒に来日したから、後から振り返れば本当にこのショーが起点になったことが多い。

短い準備期間という限界があったなかで、熱心なファンが足を運んでくれて、観客の入りは六〜七割だっただろうか。空席が出ることはわかっていたが、動員をして席を埋めようとは思わなかった。自分たちの側も、フィリップはじめスケーターと、フィリップのエージェント（代理人）側とも、「いまの実力はここだ」ということを共有したかったからだ。結果として、「フィリップ・キャンデロロ・ジャパンツアー」は、全体で約二〇〇〇万円の赤字が残った。覚悟の上とはいえ、設立三年目の会社が二〇〇〇万円の赤字である。これは非常に痛かった。だが、不思議と、「もう諦めて撤退しよう」とは思わなかった。

ありがたいことに、事前に期待した通り、同じ年度の最後に開催された二〇〇二年三月の長野世界選手権の運営を請け負ったおかげで、通期の業績としてはある程度赤字を埋めることができたことも大きかった。とはいえ我ながらなぜ、赤字になりながら事業を諦めようとは考えなかったのだろうか。会社としては期末に息をつくことができたが、単体の事業として赤字であれば、存続は難しいのが普通だ。

客観的に見れば失敗である。社員から見れば、失敗した企画は「社長の道楽」であって、面と向かっては言わないまでも、大丈夫なのかという不安を感じていることはひしひしと伝わってきた。普通の発想だったら、もう一度開催しようとは思わないだろう。だが、セオリーとは逆に、二〇〇二年の夏にもう一度フィリップのアイスショーをやろうと心に決めた。「次はもっとうまくいく」という手ごたえがあったのだ。第一回は、運営が初めてでわからないことが多く、招聘業務に非常に手間取ったこともあって、やるべきなのにできなかったことがたくさんあった。最初の反省と経験を活かして、やるべきことをしっかりやれば、二度目は成功できるのではないかという期待をもっていた。

また、日本スケート連盟フィギュア強化部長（当時）の城田憲子さんに、「若い日本の選手が世界のトップスケーターと滑ることで、観客に魅せるとはどういうことかを学びとり、確実に成長につながった」と感謝してもらったことも励みになった。二度目を開催したからといって黒字化できるかどうかまでの確信はなかったが、やるべきことをやって、あの会場をいっぱいにしたい、と考えたのだ。

その翌年、フィリップを招いて行った二度目のアイスショーは、「フィリップ・キャンデロロ・ファンタジー・オン・アイス２００２」と銘打った。これがその後、現在まで続いているアイスショーのタイトルの原点である。準備が始まると、やはり二度目のアドバンテージは確実にあった。

初回の際に大きなブレーキ要因となってしまった招聘業務においては、イベントについての詳細な書類を作り、最終的に承認印を押すことになる各国の大使館への事前連絡を徹底するようにした。とくにスケーターはロシア人が多いので、在ロシア日本大使館には「一日でも早く承認してほしい」とよく電話をかけた。

ＰＲ活動においては、やはり予算をかけなければチケットが売れないことが身に染みたので、資金の余地がないなりに、かけるべきところにはかけ、工夫すべきところは工夫しようと考えた。交通広告やコンビニエンスストアにポスターを掲示するなど、オーソドックスな広告活動を行った。

地道ながらもこれらの改善が実ったこと、告知の期間に余裕があったことも奏功し、二回目のショーは黒字を出すことができた。黒字の幅は一年目の赤字額と同じまでは行かなかったが、収益としては二年をかけてなんとか取り戻したといえる。やるべきことをやれば結果はついてくるという手ごたえは、正しかったのだ。

余裕があったぶん、二度目のショーの内容にもある程度まで主催者として口を出して作り上げ、好評を得たことも自信になった。日本選手では、その年の世界ジュニアで優勝した髙橋大輔選手、以前からフィリップが注目し才能を激賞していた浅田真央選手がこの公演に出演してくれた。スケーターと一緒にシンガーソングライターのマキシム・ロドリゲスを招聘したことも、いま考えれば画期的なことだったと思う。マキシムはフィリップが滑った「ダルタニヤン」の作曲者で、のちに、二〇一〇年にスタートする新生「ファンタジー・オン・アイス」のオープニングテーマの作曲を彼に委嘱することになる。二〇〇二年のショーは、その後につきあいが深くなっていくアーティストが勢ぞろいしたショーになった。これは開催にあたって組んだエージェント、スペイン人のセルジオ・カノバスの目が確かだったことも大きかった。

二〇〇一、二〇〇二年は、振り返ってみれば会社としての大きな岐路だった。失敗と成功、コントラストの大きい二度の主催公演となったが、それだけに学びも鮮明で、収益に関わらず、アイスショー開催のノウハウという無形の財産が手に入ったことは何より重要なことだった。なんといっても、自社主催事業の方向性が定まったのだ。

二〇〇三年には、「フィリップ・キャンデロロ・ファンタジー・オン・アイス」というタイトルで、秋に札幌と大阪、そして新横浜でショーを開催した。初めての地方公演だったが、チケット販売がふるわず、また大赤字を出してしまった。だが、三年目となったアイスショー事業自体への自信は深まっており、方向性そのものへの疑念が浮かんでくることはもうなくなっていた。また同年春に長野・ビッグハットで開催したメモリアルアイスショー「長野オリンピック五周年記念エキシビション」の成功もあって、会社の業績という面でも、アイスショー事業を続けていこうという意気という面でも、落ち込むことはなかった。

「ファンタジー・オン・アイス」というタイトルのアイスショーは、フィリップ・キャンデロロとともに、この時期から始まった。何もわからないところから、自分たちの仕事を作り出したい、自分たちの事業をやりたいという願いひとつで始まったアイスショー主催事業。さまざまな労苦があったが、それ以上に実りが多く、「0」から「1」を作ることができたという思いがある。この原点を大切にしながらその後も取り組んできたし、そこから続いている縁が、多くの企画、多くの事業へとさらに広がっていった。

●トリノ・オリンピックという分水嶺

二〇〇六年二月二十三日、荒川静香さんがトリノ・オリンピックで金メダルに輝いた。フィギュアスケートでアジア人として初めて、そしてトリノ大会の日本代表選手団で唯一となる金メダルに、日本中が沸き返った。

その瞬間を、私は現地トリノのパッラベーラ競技場の観客席で見ていた。荒川さんの素晴らしい演技が終わり、金メダルが確定した瞬間、そして、当時はまだ表彰式が同じ会場内で行われていたから、表彰式で「君が代」とともに掲揚されていく日の丸を見た。あんなに心躍る瞬間はそうそうあるものではない。

だが胸の内には金メダルの喜びと高揚感だけではなく、これで必ずチケットは売れる、という安堵感もあった。というのは、トリノ・オリンピック直後に、日本で荒川静香さんを含むオリンピック代表が出演するアイスショー「シアター・オン・アイス」を開催することを予定していたからだ。だが、オリンピック開幕前の時点で、チケットの売れ行きは芳しくなかった。

「シアター・オン・アイス」のスタートはその一年ほど前にさかのぼる。二〇〇三年の「フィリップ・キャンデロロ・ファンタジー・オン・アイス」を最後に、自社主催のアイスショーが途絶えていた。日本代表の強化を願って二〇〇二年に日本代表エキシビション「ALL JAPANメダリスト・オン・アイス」、二〇〇四年に「ドリーム・オン・アイス」を立ち上げてきたが、エキシビションだけでなく、やはりまたアイスショーを開催したいという気持ちも大きくなっていた。

思いついたのが、日本のテニスの聖地である「有明コロシアム」に氷を張ることはできないか、というアイディアだった。別のイベントの仕事を請け負って実際に会場を使用した際、見やすく利用しやすい、いい会場だと思っていたのだ。テニス以外のイベントでの使用実績もあることがわかったが、氷を張るとなるとまた別問題である。アイスショーの設営は、氷を張るのに三日、リハーサルと公演に三日、撤収に一日、合計一週間は絶対に必要だ。そこでとにかく問い合わせてみると、二〇〇六年二月下旬から三月上旬の一週間なら空いているという。フィギュアスケートのイベントだと明かすと会場側にも前例がないと驚かれたが、協議のうえ仮予約を入れることができた。トリノ・オリンピックまで半年を切った二〇〇五年九月には、オリンピック会期が終わってちょうど一週間後となる三月に「シアター・オン・アイス」を開催することが正式に決定した。プロスケーターに加え、オリンピックに出場した日本選手が帰国後に出演してもらえることに、内々ながら日本スケート連盟からの裁可も下りた。

それまでのアイスショーで会場としてきた新横浜プリンスホテルスケートセンターは二〇〇〇席弱のキャパシティだが、有明は九〇〇〇席と大幅に会場が大きくなり、三日間公演で全二七〇〇〇席ものチケットを売らなくてはならない。もちろん、それまでに手掛けたなかで最も多い席数だ。その時点ではトリノで日本人選手がメダルを獲るとは夢にも思わなかったから、海外のプロスケーターの名前を宣伝するだけでは販売増に結びつく好要素が見あたらない。大きなリスクだった。

実際、トリノ・オリンピック直前の時点で、売れていたチケットは連日二〇〇〇席程度。全体で約二〇〇〇〇席ものチケットがまだ余っていた。しかも、オリンピック期間中は、出場選手の名前を宣伝に使うことはできないという日本オリンピック委員会の規定があった。かくなるうえは、日本選手のオリンピックでの活躍に期待するしかない。まさに祈るような思いでトリノに赴いたのだ。

荒川静香さんの金メダルをこの目で見ながら、これでチケットは売れると確信した。はたして、帰国してみれば、日本中が「イナバウアー」の大ブーム。新聞社がこぞって荒川さんを記事に採り上げた。どの記事も、文末に彼女の今後の予定が載り、その一行目に必ず『一週間後の「シアター・オン・アイス」に出演』と書いてくれていた。広告費を使わずに広告してもらえたようなものである。約二〇〇〇〇枚余っていたチケットは、三日ほどで完売してしまった。荒川静香さん、エフゲニー・プルシェンコというトリノの金メダリスト二人を中心に、日本代表からは髙橋大輔選手、安藤美姫さん、そして本田武史さんやヴィクトール・ペトレンコ、マリナ・アニシナ&グウェンダル・ペイゼラといったプロスケーターたちが顔を揃えた「シアター・オン・アイス」は、ありがたいことに毎回満席となった。

現役メダリストが顔を揃えるアイスショーを開催したのはこのときが初めてだったが、大変なこともそれまでとは違った。荒川さんと並ぶハイライト的存在だったプルシェンコは、いまからは想像もできないくらい我がままで、ずいぶんと振り回された。そうこうするうちに、やはり金メダリストだったペアのタチアナ・トトミアニナ&マキシム・マリニンが、「本国ロシアで国家主催の表彰式典に出席しなければならないから、途中で帰る」と言い始めた。これにプルシェンコも同調し、金メダリスト二組が途中でいなくなるかもしれないというピンチに陥った。ロシアでの式典には、最終公演に出演し終わってから成田空港に向かっても悠々間に合う時間だったのだが、彼らは耳を貸さない。そこで一計を案じ、彼らに顔を知られていない別会社の担当者に頼んで、「航空会社の社員」という触れ込みで会わせた。「有明から車で向かえばうちの飛行機に乗るのに十分間に合います。万が一遅れた場合には飛行機を待たせておきます」と嘘をつかせたのだ。だがロシア人は、人を信用したりしない。結局、最終公演の第一部でさっさと滑って、会場を後にしてしまった。演出プランも照明プランもめちゃくちゃである。大トリはもちろん荒川さんだったので、観客のみなさまが「荒川静香をこの目で見られた」と満足して帰ってくださったのが救いだった。

フィギュアスケートというスポーツの変遷を思うとき、なんといっても荒川さんの金メダルは大きな岐路だった。準備段階では約一億円の損失を覚悟し、公演中にもさまざまなアクシデントがあった「シアター・オン・アイス」だが、終わってみればまさにフィギュアスケートが人気スポーツに躍り出る瞬間の熱気に満ちていた。その勢いに乗ることができたのは幸運ともいえるが、同時に、二〇〇一年に「フィリップ・キャンデロロ・ジャパンツアー2001」をスタートさせ、その後も損失にひるまずに事業を続けてきたからこそ、招き寄せることができた幸運だったのかもしれない。

●チャンピオンズ・オン・アイス

二〇〇六年九月には、「チャンピオンズ・オン・アイス」を招聘した。

「チャンピオンズ・オン・アイス」は、その名の通りオリンピックや世界選手権で上位を収めたスター選手を集めたアイスショーで、一九六九年から北米を中心に開催されていた歴史あるショーだ。

私が初めてこのショーを見たのは二〇〇四年のこと。アメリカでのツアーにフィリップと日本の村主章枝さんが出演すると聞き、アトランタまで公演を見に行った。当時はアメリカきっての大スター、ミシェル・クワンが圧倒的な人気を誇り、ショー全体の水準も高かった。フィギュアスケート競技がアメリカで人気絶頂だった時期である。

「チャンピオンズ・オン・アイス」の創設者で代表を務めていたのはトム・コリンズといって、自分もスケーターだった人物だ。その息子でやはりアイスショー事業に携わっていたマイケル・コリンズと、私が外国人スケーター招聘において協力関係にあったエージェントのセルジオ・カノバスが親しかった。その縁で、二〇〇五年三月にはモスクワの世界選手権を機に現地でトムとマイケル父子に会い、「チャンピオンズ・オン・アイス」をそのまま日本に持ってきてはどうか、という話が出た。とはいえ、このときはまだ具体化するまでは至っていない。

オリンピックのあと、荒川静香さんが金メダリストとして一躍注目され、オリンピック直後の

「シアター・オン・アイス」で成功を収めることができた。次を考える余裕ができたときに、浮上したのが、「チャンピオンズ・オン・アイス」を日本に招致するプランの具体化だ。荒川さんがアメリカ本国の「チャンピオンズ・オン・アイス」に招かれることが決定したことも後押しになった。二〇〇六年六月にはアメリカに赴き、荒川さんが出るミネアポリス公演を見た。このとき、同時にトム、マイケル親子と膝を突き合わせて話を詰めた。彼らともこのタイミングでやるしかないと一致し、一気呵成の勢いで準備にかかった。公演日は二〇〇六年九月と定まった。三ヵ月間での準備である。これまでの経験から、可能だと考えていた。

ミネアポリス公演は、当時人気絶頂だったミシェル・クワンをはじめ、サーシャ・コーエン、イリーナ・スルツカヤが目玉だった。北米のスターたちに混じって荒川さんが金メダリストとして参加したのだが、会場で販売されているプログラムに荒川さんの写真が載っていなかったのが気になった。金メダリストといえど、北米での知名度はあまり高くなかったのだ。その荒川さんが、本番で観客からの喝采を浴びる姿を見ながら、なんともいえないうれしさがこみ上げた。アメリカはアイスショーの本場。その頂点ともいえる「チャンピオンズ・オン・アイス」を招致することができるのだ。日本公演の準備が佳境に入った八月には、再度渡米し、最終の打ち合わせを兼ねてラスベガス公演を見た。氷を作った特設リンクにはクワン、コーエン、スルツカヤの大きな垂れ幕が飾られていたが、やはり荒川さんの写真はなかった。

二〇〇六年九月、「チャンピオンズ・オン・アイス」の日本公演が幕を開けた。公演地は仙台と静岡。とくに荒川さんがスケートを学んだ地である仙台では凱旋公演という位置づけとなり、荒川さんの滑りをひと目見たいと多くの観客が足を運んでくれた。静岡でもチケットは完売。サーシャ・コーエン、イリーナ・スルツカヤらトリノ・オリンピックの女子メダリスト全員をはじめスター選手も参加するなか、荒川静香さんが大トリを務めて、ショーは大いに盛り上がり、成功裏に終えることができた。もともと実績のあるメダリストだけが出演を許されるアイスショーだから、一人ひとりのスケーターにメダルに裏打ちされた実力がある。その個性とパワーを北米の空気そのままに日本で見せることができたのは、それまでにない機会だったと考えている。

その翌年、二〇〇七年六月にも「チャンピオンズ・オン・アイス」を開催し、新潟、大分公演で満員御礼。さらに同じ年の九月に仙台と静岡で再演したのだが、ここで二年目の難しさに突き当たることとなった。ショーの内容には前年から変化をつけたつもりだが、仙台と静岡の二公演は最終的に赤字になってしまった。

折しも、アメリカのフィギュアスケート界には暗雲が立ち込めていた。二〇〇七年九月の公演のあと、アメリカの本家「チャンピオンズ・オン・アイス」は二〇〇八年に入って解散してしまう。どうするか、と思っていると、企画に関わってもらっていたエージェントのセルジオが「日本のチャンピオンズ・オン・アイスまでなくしてしまう必要はないんじゃないか」と提案してくれた。

そこで、原点に戻って新横浜スケートセンターを会場に定め、二〇〇八年九月にもう一度「チャンピオンズ・オン・アイス」を開催することにした。だが、ほかにも国内のアイスショーが増えてくるなか、集客には苦労することになる。リスクを抑えながら開催したわりには、残念ながら若干の赤字を出してしまった。

「チャンピオンズ・オン・アイス」は三年間開催して、収支という面だけで見れば一勝二敗。だが、経済的利益だけでは判断できないのがエンターテインメント事業の面白いところだ。三回の公演の果実となったのは、得難い人たちと出会えたことだった。

二〇〇六年の公演で出会ったのがステファン・ランビエルだ。数々のスタースケーターが現役時代をほうふつとさせるパワフルな演技で魅せるなかで、彼はダンサーを思わせるしなやかな体格と、芸術性あふれる演技で観客を惹きつけていた。演技がきわめて芸術的だから、本人の性格も芸術家気質なのかと思いきや、人柄は几帳面で義理堅い。演技をひと目見て魅了され、その人柄にも敬服して、その後、十年以上にわたり長く濃い付き合いを続けてきた。盟友と呼んでいい存在である。

二〇〇七年の公演では、もうひとりの盟友と出会うことになる。ジョニー・ウィアーだ。現役時代からユニークな個性で際立っていたが、「チャンピオンズ・オン・アイス」のレギュラーとして人気を博し、いっそう独特の存在感を発揮していた。スピンの美しさ、観客をつかんで離さないエンターテインメント性のある演技に魅力を感じた。彼もその後ずっとショーに出演してもらっているスケーターだ。

そして、二〇〇八年の公演は、自分が構想してきたことがある程度実現できたアイスショーだった。「音楽のアーティストとスケーターによるライブのコラボレーションをやりたい」と以前から思い続けてきたが、このとき、ヴァイオリニストの川井郁子さん、フラメンコ・ダンサーのアントニオ・ナハーロを招聘し、リンクの真ん中に小さなステージを作って、ステファン・ランビエルの代表作である「ポエタ」を演じてもらった。現役時代に滑った競技プログラムである「ポエタ」は、振付にナハーロが関わり、本格的なフラメンコを取り入れた振付で強い印象を与えたプログラム。その二人が同じ動きでシンクロするステージは、スケートだけ、ダンスだけではない、コラボレーションならではの心躍るパフォーマンスに仕上がったと思っている。そのころ若いダンサーだったナハーロは、その後マドリッドの名門スペイン国立バレエ団を率いてスペイン舞踊界のトップランナーにまで出世を遂げたが、いまも親しく付き合えているひとりである。

たしかに、二〇〇六年から二〇〇八年にかけては、フィギュアスケート人気が爆発して一気にほかのアイスショーが増え、人気スケーターの取り合いというような状況が生まれた。キャスティングがなかなか難しく、マーケット環境の変化もあって運営が思うように行かないことも多々あり、苦しい時期だった。だが、出会いが次の出会いを呼び、思いがけない顔合わせが新鮮な舞台を生み出すという、エンターテインメントの極意と面白さを学んだ時期だったともいえるかもしれない。

試練の時期にもただ守りに徹することなく、可能な限り攻めの姿勢を保ち続けた成果だろう。

●もうひとつの転機

プラス要素とマイナス要素とが交錯した厳しい時期を経て、二〇〇九年に入り、もうひとつの転機が訪れた。北陸は金沢の地で開催したアイスショー、「アイスジュエリー」だ。

「チャンピオンズ・オン・アイス」の終了によって、これまでの海外スタッフやエージェントとの付き合いもいったん終了となった。キャスティングや運営の部分で任せていたことも多かったから不安もあったが、今後アイスショーを開催するならば、体制を一新しようという考えに至っていた。とくに、単体の自社事業として開催する場合に広報宣伝に苦労することが多かったから、今後はテレビや新聞などのメディア企業と組んで、互いに強みを持ち寄り、リスクを分け合い、足りないところを補い合えるような座組みで事業に臨みたいと考えた。エンターテインメント事業は、公演を周知し多くの観客に知ってもらう広報宣伝と、公演自体のクオリティを高める運営が車の両輪を成す。

金沢での「アイスジュエリー」開催のきっかけは、「メダリスト・オン・アイス」を共催した産経新聞社の担当・青柳正登さんから、金沢の北國新聞社をご紹介いただいたことだった。アイスショー開催に興味があるとのことで、早速金沢まで足を運んだ。北國新聞社といえば北陸のメディアの雄。願っていた通り、共催といういい形で方向性が定まり、本格的な準備に入った。

スケーターのキャスティングについては、それまでの協力関係で生まれた人脈を通して、新たに代理人を頼みたいと目星をつけた人物とコンタクトを重ね、スケーターとの契約関係も前に進み始めた。それまでのように一括して代理人に頼むのではなく、自分たちで個別に条件交渉してまとめる方法である。

アイスショー事業に関わって以来、同じようなメンバーの座組みで開催してきた事業をいったん思いきって整理し、まったく新しい自主的な体制で再出発することができたのが、「アイスジュエリー」だった。このタイミングで、さまざまに手を差し伸べてくれた各方面の方々には感謝ばかりである。

そして何より、大事な出来事があった。「アイスジュエリー」で初めてアイスショーのキャストに入ってくれたのが、羽生結弦選手である。二〇〇九年の世界ジュニア選手権に初出場した彼は、その可能性を世界の舞台でアピールしていた。この約八カ月後、二度目の世界ジュニアで見事に日本男子四人目の優勝を果たす。好成績を挙げた現役選手が出演するエキシビションである「ドリーム・オン・アイス」、「メダリスト・オン・アイス」には、まだノービスの年齢のころから次代のホープとして登場していたが、自社事業のアイスショーのキャストとしても出演してもらったのは「アイスジュエリー」が初めて。十年に及ぶコラボレーションの出発点でもあり、その意味でも感慨深いショーである。

こうして、いよいよ夢に思い描いたアイスショーを実現させる機運と準備が整った。ショーのタイトルは決めていた。「ファンタジー・オン・アイス」だ。

第三章　ファンタジー・オン・アイス

●新生「ファンタジー・オン・アイス」

二〇一〇年、新生「ファンタジー・オン・アイス」をスタートさせた。

この名前にはやはり深い思い入れがある。二〇〇二年に初めてこの名を冠したショーを開催したのを機に、商標登録も行い、自分たちのブランドとして育てていきたいと思ってきた。その後、現役選手主体のエキシビション、海外からのアイスショー招致など、かたちを変えて取り組み続けてきたアイスショー事業。すべて自分たちの手で作り上げる体制が整い、いよいよ名実ともに新たなアイスショーを世に送ることが決まったとき、やはりショーのタイトルは、ずっと大事に温め続けた「ファンタジー・オン・アイス」以外に考えられなかった。

開幕を飾ったのは二〇一〇年七月、新潟・朱鷺メッセ新潟コンベンションセンターでの公演だ。出演したのは、ヴィクトール・ペトレンコ、エフゲニー・プルシェンコ、ステファン・ランビエル、ジョニー・ウィアー、荒川静香さん、安藤美姫さん、そして羽生結弦選手をはじめとするスケーターたち。それまでに築いてきたスケーターとの信頼関係が、ここに結実した印象だった。アーティストでは日本を代表するアカペラグループのゴスペラーズが出演してくれた。オープニングとフィナーレの振付は、アントニオ・ナハーロ。どこをとっても新たな試みにも関わらず、キョードー北陸をはじめとする新潟の関係者の方々には全面的な協力をいただいた。NST新潟総合テレビと組んで公演を主催したが、NSTとは過去に「チャンピオンズ・オン・アイス」などでも一緒に仕事をしており、一度赤字を出してしまったにもかかわらず、「このショーはいい」と評価を変えないでいてくださったという恩義がある。以来、新潟での公演がいちばん多くなった。

「ファンタジー・オン・アイス」の演出の根幹は、毎年さまざまなアーティストを招き、ライブ演奏でスケーターと共演するというコンセプトだ。テレビではわからないフィギュアスケートの魅力をさらに増幅するうえで、ライブ演奏は欠かせない要素だと確信していた。フィギュアスケートのスピード、スケーターが目の前を滑ったときに感じる風、観客とのキャッチボールで渦を巻くように高揚していくスケーターのエネルギー。そうしたライブならではのフィギュアスケートのパワーを、生身のアーティストたちが奏でる歌と演奏のパワーがさらに高め、相互に刺激し合って、ほかにはない特別な体験を生み出してくれる。

それが頂点を迎えるのが、アーティストの歌と演奏に合わせて、スケーターがこのショーのためだけに新たに制作したプログラムを滑るコラボレーションだ。

スケーターが滑るとき、通常は録音の音源を使う。演技の要請に合わせて音楽のテンポやアレンジを編集して、プログラムのためのほかにはない音源を作るのが一般的だし、音楽のテンポがいつも一定であることはスケーターにとって死活的に重要だ。ひと蹴りで何メートルも移動するスケートという競技の特性上、ほんのわずかでも音楽のテンポが狂うと、歩数が変わり、ジャンプのタイミングからステップの尺の長さまで、すべてが影響を受けてしまう。

ライブの音楽の場合は、演奏するたびごとに少しずつテンポが変わり、歌声のトーンも変わってくるのが当然だ。それだけに、スケートとライブ演奏のコラボレーションは、その難しさから我々のような一般人が思う以上にありえない試みとなる。逆にいえば、観客にとっては目の前で二つのジャンルの表現者が互いの呼吸を合わせ、ひとつのパフォーマンスを作り上げるという、このうえのないリアルタイム感を味わえる機会になる。

初回、二〇一〇年の「ファンタジー・オン・アイス」で招聘したゴスペラーズは、四つのコラボレーションに登場してくれた。共演したスケーターは、プルシェンコが「星屑の街」、ジョニーが「I　LOVE　YOU，BABY」、フランスのアイスダンスチームのナタリー・ペシャラ&ファビアン・ブルザが「誓い」、八木沼純子さんが「1，2，3 for 5」。ヴォーカリスト、アーティストと一緒にショーを作り上げるのは初めてのことで、どんな風にできあがるのか読めなかった。

それは相手も同じだったのだろう。リーダーの村上てつやさんは、言ってみれば最初はよそよそしい感じだった。だが公演が終わると、村上さんが「こんな素晴らしい世界に通用するスケーターと一緒にコラボレーションできて光栄です」と、ステージの上で言ってくれたのだ。やはり一流は一流を知るということなのだろうが、これは私も聞いていてしみじみとうれしかった。

コラボレーションはスケーターの側にもチャレンジとなる。外国人スケーターにとっては、日本語の歌詞を翻訳して内容を理解するところからスタートだ。通常彼らが滑っているプログラムよりも曲の演奏時間が長いことが多く、曲の起伏や歌詞の意味に合わせて表現や体力の配分にも気を遣う。勝手がわからないことも多いだろうに、積極的に取り組み、楽しんでくれているのはありがたいことだ。八木沼さんはゴスペラーズと大学が同窓で、長年一緒に何かやりたいと考えていたそうで、面白いプログラムを作り出してくれた。大分以前から八木沼さんとゴスペラーズとの縁を直接聞いていたから、実現にこぎつけられたのはプロデューサーとしても喜ばしいことだった。

福井公演では、ロシアでプルシェンコ夫妻と親交のあった歌手のジーマ・ビランを招いた。このときが初仕事だったこともあって、求められて現金でギャラを支払ったことが印象に残っている。また、公演中にジョニー・ウィアーのネックレスが外れて散らばってしまい、いったん公演を止めて多人数で一列に並び、部品を探すというアクシデントもあった。お客さまには温かく見守っていただいた。

二〇一一年は倉木麻衣さんがアーティスト出演。六、七月に金沢、福岡公演、そして九月に新潟公演を行った。三月に東日本大震災が発生し、その三ヵ月後に行われたアイスショーである。復興にまだ道がつかない段階だったから、開催すべきなのか、開催していいのか悩んだショーだった。だが、仙台で被災し、練習リンクを失った羽生結弦選手に、六月から七月にかけて、いくばくかでも練習場所を提供できたのは、微力ながらもせめてもの協力になったのではないだろうか。海外からの出演スケーターたちも羽生選手を気遣い、彼を守り立てようとしていた姿が印象的だった。

そうした支援に応えるように、羽生選手は本番でトリプルアクセルや四回転を決めてみせ、みなを巻いたものだ。困難から不屈の精神で立ち上がり、寄せられた善意や応援を力に変える。羽生選手が大震災からの復興のシンボルになっていくさまを、まさに目の前で見せてもらうような思いだった。公演では、倉木さんと荒川静香さんのコラボレーション「あなたがいるから」、ジョニー・ウィアーとの「もう一度」をはじめ、若々しい力がみなぎる回になったように思う。新潟公演では仙台を拠点とするバンドMONKEY MAJIKが出演してくれた。

二〇一二年は、福井で九月に公演を行った。この年は初めて羽生選手がコラボレーションに登場し、指田郁也さんの「花になれ」を滑ったのがエポックメーキングな出来事だった。その後、羽生選手は何度もコラボレーションに登場しているが、数ある名演技のなかでも私自身最も思い入れが深いプログラムでもある。

「花になれ」をコラボレーション曲に選んだのは私だった。どういうシチュエーションで「花になれ」の曲を聴いたのだったか、まるで偶然のように、まったく予備知識がない状態で聴いて、すぐにぴんときた。聴く人を励まし、力づけるような歌詞が、羽生選手のことを歌っているとしか思えなくなったのだ。羽生選手はこれに半年先立つ三月、ニース世界選手権に初出場し、銅メダルを手にして日本に帰ってきた。東日本大震災による苦難を乗り越え、多くの人々の希望を背負って戦う羽生選手がこの歌を滑ることで、見る人すべてに力強いメッセージを送ることができるはずだと考えた。

アイスショー本番では、ステージにグランドピアノを用意し、指田さんが弾き語りで「花になれ」を歌うなかで、羽生選手が滑った。音楽の優しさや繊細さを、まだ若い羽生選手が瑞々しく体現したパフォーマンスに心から感動したし、コラボレーションが生み出す化学反応の素晴らしさを改めて噛みしめる機会ともなった。水色と花模様の片身替わりになった衣装もよく似合っていた。

うれしかったのは、少し年齢差のある二人がアイスショーの現場ですぐさま兄弟のように意気投合し、その後も長く交流が続いたことだ。「ファンタジー・オン・アイス」が目指したコンセプトが、この「花になれ」のコラボレーションにおいてひとつの理想形として実ったことは、手ごたえを感じるとともに非常にうれしい出来事だった。その後、機会があるごとに羽生選手はこのプログラムを滑り、震災復興に寄せる彼の思いの象徴になっていった。ふさわしい時期に、あるべきプログラムが制作できたからこその好循環が生み出せたということだろう。

その翌年、二〇一三年はシンガーソングライターのＡＩさんを招いた。ＡＩさんの存在を知ったのは安藤美姫さんが彼女のファンだったことがきっかけで、勧められてコンサートを見に行き、そのとき初めてお目にかかった。その一年後に招聘が実現したのだから、安藤さんのおかげだといってもいいかもしれない。

ＡＩさんはパブリックイメージの通り、非常に闊達かつオープンマインドな方で、スケーターとも積極的に交流していただいた。この年、初めて羽生選手がトリを務め、ＡＩさんの代表曲「Ｓｔｏｒｙ」をコラボレーションで滑ったが、リハーサルから羽生選手もＡＩさんもどちらも全力投球で、これは見ごたえのあるパフォーマンスになるに違いないと本番前から心躍ったものだ。羽生選手自身、震災後に神戸のリンクで復興支援の演技会に出演した際に聴いたことがあり、以前から思い入れがあったのだという。そういうスケーター自身の思いを反映できるのもコラボレーションの面白さだ。

ほかに、安藤美姫さんとの「ママへ」、ステファン・ランビエルとの「ＨＡＮＡＢＩ」、鈴木明子さんとの「ＦＯＲ　ＹＯＵ」。ステファンは初めて日本のアーティストとコラボレーションする機会となったが、曲は私から提案し、ステファンもＡＩさんとじっくり話し合ったうえで臨んだ結果、期待以上に質の高いパフォーマンスを作り上げてくれた。

この年は、世界選手権で銅メダルを獲り、スペイン人として初めて世界メダリストとなったハビエル・フェルナンデスを招聘した。メダリストとはいえ、まだまだ若手だったころである。だがその後数年間にわたって、オンリーワンの個性でアイスショーを支えてくれるスケーターのひとりとなり、ついにはオリンピック・メダリストになったことを考えると、自分の目で見てこの選手はいい、伸びる選手だと思えたスケーターは、たとえ実績が少なくても積極的に出演してもらったほうがいいと改めて感じる。

●新時代へ、幕張から発進

二〇一四年は「ファンタジー・オン・アイス」にとって大きな転機となった年である。それまでの四年間、地方都市で開催してきたショーを、初めて首都圏で開催できることになったのだ。会場は千葉県・幕張新都心の幕張イベントホール。大きな会場でありながら、どの客席からも見やすいホールである。

幕張は私自身にとっても思い入れのある土地だ。一九九四年、日本開催の世界選手権の会場は幕張イベントホールだった。佐藤有香さんが優勝した大会であり、また二位銀メダルとなったフィリップ・キャンデロロが日本の観客の心をがっちりつかんだ大会でもある。独立前に大会運営の業務に携わっていた私には、この大会での体験が鮮烈な記憶として残り続けていた。

それまで、人口を多く抱える首都圏で「ファンタジー・オン・アイス」を開催できずにいたことには、当然ながら忸怩たる思いもあった。いくつか理由があったのだが、もともと、東京近郊にあるのは大きな会場ばかりで、「ファンタジー・オン・アイス」ができる適切な規模の会場が多くないという問題が大きかった。国立代々木競技場第一体育館ではほかの催しも開催されているし、さいたまスーパーアリーナは試合ならともかく、アイスショーには大きすぎる。P&Gさんがスポンサーを引き受けてくださり、晴れて首都圏で開催できる見通しになったときに、まず幕張イベントホールが頭に浮かんだのだが、そこで「幕張」が出てきたのは、やはりフィギュアスケートに長年取り組んできたからこその発想だったのではないだろうか。フィギュアスケート関係者からは、「懐かしい」「ふさわしい」などの声をかけてもらうことが多かった。

二〇一四年二月には、ソチ・オリンピックで羽生結弦選手が十九歳にして日本男子初の金メダルを獲得。日本中を喜びと誇りで満たした羽生選手が、その直後に出演するアイスショーとなったわけで、さらに気が引き締まった。羽生選手をひと目見るためにアイスショーに初めて足を運ぶ観客の方々もたくさんいらっしゃるはずだ。その方々に、最高のエンターテインメントを楽しんで、満足して帰っていただきたい。

この二〇一四年幕張公演のゲストアーティストは、郷ひろみさんに決まった。私自身が大ファンで、前々から出演してほしいと内心で願っていたアーティストである。首都圏初の「ファンタジー・オン・アイス」開催にあたり、なんとしてもすべての世代が知る国民的スターに出演していただきたいと、粘り強い出演交渉を重ね、それが叶ったときには大きな喜びが湧きあがったものだ。

郷ひろみさんは「スターとはこうあるべき」という姿を具現化したような方で、圧倒的なスター性が光り輝くパフォーマンスと、バックステージでの気遣いでアイスショーを盛り上げてくださった。オープニングの「2億4千万の瞳」でいきなりハイテンションになった会場の雰囲気は忘れがたい。コラボレーション曲は、「言えないよ」「このメロディだけは」「ハリウッド・スキャンダル」「愛してる」「哀愁のカサブランカ」「僕がどんなに君を好きか、君は知らない」。そしてフィナーレは「GOLD　FINGER」。どれも知らない者のいないほどのヒット曲揃いであり、観客にとっても馴染み深く、楽しい選曲だったのではないだろうか。「言えないよ」での羽生結弦選手とのコラボレーションは、最高潮の盛り上がりを見せた。

これだけ多い曲数を、リハーサルや細かい曲合わせが必要なコラボレーションとして歌ってくださったのは大変なことである。サウンドチェックだけでも長時間に及んだが、リハーサルから本番に至るまで、そのすべてに対して郷さんが示してくださったプロフェッショナルな姿勢には感じ入った。本番直前、開場のほんの数分前までリハーサルに余念がなかった郷さんのありようは忘れることができない。振付は米国をベースに活躍するイタリア人振付師のパスカーレ・カメレンゴ氏が引き受けてくれた。

同年の富山公演、新潟公演では、ブライアン・オーサーとジェフリー・バトルが振付を担当し、アーティストとしてサラ・オレインさんが登場した。サラ・オレインさんは美しい歌声とヴァイオリン演奏を兼ね備えたアーティスト。演奏していただいた「Ｔｈｅ　Ｆｉｎａｌ　Ｔｉｍｅ　Ｔｒａｖｅｌｅｒ」はゲーム「タイムトラベラーズ」のテーマ曲だった。このゲームを羽生選手はプレイしたことがあったらしい。そんな縁で制作されたコラボレーションは、清らかなサラさんの歌声と弦楽の響きが、羽生選手の繊細さと強さを併せ持った持ち味にぴたりと寄り添って、とても素敵なひとときを作り上げてくれた。彼自身も、「ヴォーカルとスケートってこんなに合うんですすね」と驚いていたほどだ。また、羽生選手の名プログラム「ショパン　バラード第1番」の初披露の舞台となったのもこのときの公演。その後、彼を代表するオリンピック・プログラムとなっていったことを考えると、感慨深いものがある。

その翌年、二〇一五年も幕張公演で開幕し、歌手のシェネルさんを招いた。羽生結弦選手が滑った「ビリーヴ」をはじめ、安藤美姫さんとの「ベイビー・アイラブユー」やブライアン・ジュベールとの「Ｍｉｓｓｉｎｇ」など、有名曲のカバーを含む八曲を魂こめて歌い上げてくださり、非常にパワフルな回になったと思う。

アイスショーとしてのチャレンジの度合いという意味では、むしろこの年の金沢、神戸公演がひとつの達成だったかもしれない。ひとりのビッグアーティストにたくさんのコラボレーションをお願いするという形式ではなく、複数のアーティストを招いてステージに立っていただくという形式にしたからだ。出演はソプラニスタの岡本知高さん、ヴァイオリンと歌のサラ・オレインさん、ピアニストの福間洸太朗さん。複数のアーティストに出てもらうことで、スケーターと複数のアーティストとの間にそれぞれ異なる化学反応が生まれ、より多彩なエンターテインメントの場になることを目指してのことだった。毎年異なるアーティストをブッキングし、印象のがらりと違う公演を作り上げていくことは私の責務だが、その意外性や面白さを、一度のショーで味わってもらえるようにと考えたものだ。

岡本知高さんは、男性でありながらソプラノが出す高い声域で歌うことができるソプラニスタとして、唯一無二の存在だ。パワフルな歌声で空間を包み込む圧倒的なスケールを備え、彼の世界観とフィギュアスケートが出会うと、その感動がさらに倍加する。コラボレーションの醍醐味を体現するようなパフォーマンスを作り上げてくださる、主催者としては大変頼りになるアーティストである。このときも、ランビエルとのコラボレーションで歌ったオペラのアリア「誰も寝てはならぬ」を筆頭に、「アメイジング・グレイス」、フィナーレの「ボレロ」と、格調の高い曲をセレクトし、それぞれに素晴らしいコラボレーションに仕上げてくださった。「タイム・トゥ・セイ・グッバイ」はサラ・オレインさんとの二重唱となり、複数のアーティストの共演がいかに公演の幅を広げるのかを目の当たりにさせられた。

ヨーロッパと日本を行き来しながら活躍するピアニストの福間洸太朗さんは、「月の光」、「子守唄」、「プレリュード」を演奏。静けさのなかにドラマを感じさせる音にスケーターたちは敏感に反応し、上質なコラボレーションを創り出してくれた。また、神戸公演中に氷が欠けてしまい、穴を埋める作業に時間がかかって公演進行が止まってしまったとき、福間さんがステージに上がり、即興で「ショパン　バラード第1番」を弾いて、スタッフが必死でトラブルを修正するあいだの待ち時間を感動的なピアノリサイタルの時間に変えてくださった。いうまでもなく、のちに羽生結弦選手を代表するオリンピック・プログラムとなった曲。誰もが大喜びのサプライズとなった。

●コラボレーションの深化

二〇一六年の「ファンタジー・オン・アイス」は、羽生選手の不在のなか開催された。二〇一六年三月、ボストン世界選手権のあと、左足甲の靭帯損傷のために、アイスショーへの出演をすべてキャンセル。治療とリハビリに入ったためだ。

数年間にわたり、羽生選手が大トリを滑るだけでなく、ショー全体の屋台骨となってくれていたのは紛れもない事実で、クオリティの高いショーを送り出すという志をもって制作してきた「ファンタジー・オン・アイス」の真価が試される正念場だとも思った。客席には羽生選手の復帰を待ちわびるファンの方々も大勢いる。ショーを楽しんで帰っていただくのは主催者としての責務でもあった。

幕張、札幌公演には、華原朋美さん、藤澤ノリマサさん、福間洸太朗さんをお招きした。華原さんはのびやかな歌唱で往年のヒット曲を歌ってくださり、コラボレーションはどれも大いに盛り上がる。やはり誰でも知っている曲の強さを感じた。藤澤ノリマサさんは、「ダッタン人の踊り」をはじめ、クラシックの音楽を現代風のアレンジで朗々と歌い上げるスタイルのシンガーだ。スポーツであるところのフィギュアスケートがそうした劇的な歌風にマッチするのは面白いものだが、とくに経験を重ねたスケーターが生み出す一瞬のパワーと壮大なドラマには強い音楽が合う。

さらに、前年に引き続き、ピアノの福間洸太朗さんに出演していただいた。じつは福間さんにぜひ実現していただきたいと思うアイディアがあった。出演が叶わなかった羽生選手だが、その「バラード第1番」の演技映像を会場内のスクリーンに映し出し、福間さんに生演奏で音楽をつけていただけないかと思ったのだ。もちろん、前年に福間さんの即興でのドラマティックな演奏に強い感銘を受けたことが背景にある。

ところが、私からのお願いに対し、福間さんは最初首を縦に振ってはくださらなかった。演技に合わせての伴奏であり、曲自体も編集されていて、テンポを完全に合わせなければ羽生選手の動きからずれてしまう。だが、生演奏として、福間さんのスタイルによる演奏を行う以上、完全にテンポを一致させるのは難しい、そうしたら羽生選手の意図する表現も伝わらなくなってしまうから、と。羽生選手のフィギュアスケートというアート、福間さんのピアノというアート、両方を尊重し、完璧な状態で届けたいという福間さんの芸術家としての志を感じた出来事だった。だが、私もそれで引き下がるわけにはいかない。再度お願いして、最終的には福間さんも受けてくださった。羽生選手のメッセージに続き、しんと静まり返った会場に流れるグランプリファイナルでの演技映像と、福間さんの羽生選手の音源と同じアレンジによる集中度の高い演奏。福間さんのピアノを聴きながら映像を見ている観客が拍手をする。あの張り詰めた特別な美しさは、その場に居合わせた方々も覚えておいでかと思う。

同年の神戸、長野公演には、CHEMISTRYのメンバーでソロ活動をされていた川畑要さん、津軽三味線の吉田兄弟さん、オペラ歌手の鈴木慶江さん、そして福間洸太朗さんが出演した。和楽器とスケートのコラボレーションはこのときが初めてだったが、津軽三味線には弦楽器でありながら打楽器のような響きがあり、ロック音楽と融合させた強靭な音楽性で大空間を支配する吉田兄弟のお二人の演奏は素晴らしいのひと言。オープニングの「RISING」で、スケーターも会場もひとつになって一気にボルテージを上げるさまは小気味よいほどだった。織田信成さんが二〇一〇／二〇一一年シーズンの競技プログラムに使用した「STORM」を生演奏で滑り、気迫のこもったパフォーマンスを作り出してくれたほか、弟の吉田健一さんが同年まで欧州で活動していた縁で、スペイン出身のハビエル・フェルナンデスとまさにぴったりの曲「バルセロナ」でコラボレーションした。川畑要さんはのびやかなヴォーカルが持ち味で、そのニュアンスをイリヤ・クーリック、ブライアン・ジュベール、アンナ・カッペリーニ＆ルカ・ラノッテといった大人のスケーターたちが円熟の表現で見せてくれた。

この年は羽生選手が不在ということもあり、札幌公演では赤字を出してしまった。上のほうに空席が目立ち、それを心配したステファン・ランビエルが、「大丈夫なのか」と聞きにきてくれた。大丈夫、気にするなと軽い調子で答えたが、ステファンの優しさが胸に沁みていまでもよく覚えている。

二〇一七年は、幕張公演で大黒摩季さん、中西圭三さん、ピアニストの清塚信也さんに登場していただいた。まったく知らずにオファーしたのだが、大黒摩季さんはもともとフィギュアスケートがお好きで、ミシェル・クワンを応援していたのだという。あのパワフルな歌声で、会場のテンションを高め、大いに盛り上げてくださった。中西圭三さんもヒットメイカーの面目躍如で、スケーターといい相乗効果を発揮していただいた。

羽生選手は二年ぶりの出演で、オリンピック・シーズンを前にどんなプログラムを滑るのかが注目されるなか、「ショパン　バラード第1番」でトリを飾った。キャリアを代表するプログラムで二度目のオリンピックを戦うことをその場で知った観客のどよめきに包まれながら、さらに深まった表現を見せてくれた。エンディングの「ら・ら・ら」は、観客の方々も合唱に加わって、一体感のあるフィナーレとなった。

ステファン・ランビエルは清塚さんの美しいピアノに合わせて「戦場のメリークリスマス」を滑った。叙情的な清塚さんのピアノと、音楽を体現することにすぐれたステファンのスケートはまさに絶妙の顔合わせで、至高のひとときだったといえよう。清塚さんは、自分のサウンドチェックやリハーサルのとき以外にもとてもフットワークが軽く、スケーターの練習をリンクサイドでずっと見ているような方だった。そんななかから、羽生選手ともことあるごとに音楽について語り合う姿を見かけた。

神戸・新潟公演では、杏里さんが登場してくださった。コラボレーションは、オープニングの「CAT'S EYE」、安藤美姫さんとの「悲しみがとまらない」、荒川静香さんとの「オリビアを聴きながら」、鈴木明子さんとの「SUMMER CANDLES」の四曲だ。杏里さんののびやかな歌声を女性スケーターたちが色とりどりに表現し、ことのほか華やいだコラボレーションとなった。

羽生選手が杏里さんのサポートギタリスト今野竹雄さんと相談して、「パリの散歩道」のさわりをライブのギターで上演できることになったのも印象深い。新潟公演三日目だけのサプライズだったが、こうして現場のアイディアで生まれるコラボレーションが実現まで結びつくのは何よりの愉しみでもある。プロデューサーとしては、「面白ければ何でもいい」という姿勢でいることが肝要なのだと思う。現場から生まれるアイディアを潰さずに開花させられるかどうかは、実現可能性やコストに囚われない前向きさにかかっている。

二〇一八年は、羽生選手が男子で六十六年ぶりのオリンピック二連覇という偉業を達成し、その祝福ムードが続くなかで開催された。グランプリシリーズで負傷し、四ヵ月休養したのちに、いきなり大勝負のオリンピックに挑んだ羽生選手。直後の世界選手権を欠場していたから、アイスショーまでに体調が整うか心配された観客の方々も多かっただろう。その心配を跳ね返すように、自分のプログラムでは王者の滑りを見せてくれた。

前半の幕張、金沢公演に登場したアーティストは、ツインヴォーカルユニットCHEMISTRYの川畑要さんと堂珍嘉邦さん、Ｍａｙ Ｊ．さん、ヴァイオリンの宮本笑里さん。また、この年から、松任谷由実さんのコンサートやＦＮＳ歌謡祭を長く手がける武部聡志さんが音楽監督として加わってくださり、まさに百人力の思いがした。武部さんは音楽プロデューサーとして、ひとつの公演の流れを築き上げ観客に訴えかける長い経験をお持ちで、かつピアニストとして素晴らしい演奏をも聴かせてくださる。俯瞰的に全体を見た的確な指示に、今後さらに可能性を広げていく力になってくださるはずだと確信した。宮本笑里さんの演奏に合わせてジョニー・ウィアーが「白鳥」

を十二年ぶりに復活させたほか、ＣＨＥＭＩＳＴＲＹと宮本さんのコラボレーションなど、珠玉のパフォーマンスがいくつも生まれた。

川畑さんは前年にもソロで出演してくださったが、二〇一八年は数年間活動を休止していたユニットとしての活動再開をした直後にあたり、ＣＨＥＭＩＳＴＲＹのお二人で出演してもらえることになった。選んだ楽曲は、羽生選手からのリクエストだった。選曲は普通こちらでヒットナンバーのなかから絞り込み、候補曲をスケーターに伝えて選んでもらう形式をとっているのだが、スケーター側から要望が出るのは異例だった。この経緯については後述したい。

近年実力を発揮しているカナダのエラジ・バルデは、アンサンブルスケーターを従えてミュージカル映画の一場面を再現する「Ｔｈｉｓ　Ｉｓ　Ｍｅ」を滑った。このナンバーは評判がよく、当初から出演させているアンサンブルスケーターをいかに演出に取り込むか、もっとアイディアを発揮しなければならないと改めて考えさせられた。

後半の神戸、新潟、静岡公演では、元プリンセス プリンセスの岸谷香さん、藤澤ノリマサさん、清塚信也さんが登場。「平昌オリンピックまでは競技に集中したいから出演できない。でも、メダリストになった暁には、絶対に出演しますよ」と約束していたテッサ・ヴァーチュー＆スコット・モイアは、藤澤さんの「Ｙｏｕ　Ｒａｉｓｅ　Ｍｅ　Ｕｐ」にのせて、王者の風格漂う滑りを見せてくれた。また、藤澤さんがカバーした美空ひばりの「川の流れのように」で、ジョニー・ウィアーが滑ったコラボレーションも思い出深い。日本の歌謡曲という異色の選曲だったが、センスと勘の良さでは群を抜くジョニーが曲を聞き込み、じつに趣のある解釈で表現してくれて、記憶に残るナンバーに仕上がった。「勝手にしやがれ」で織田信成さんがジュリー（沢田研二）になりきった演技も、会場はジュリーのコンサートと同じフリで盛り上がり、大変楽しかった。

●十周年の喜び

「ファンタジー・オン・アイス」は二〇一九年の公演で十回目を迎えた。毎年、異なるアーティストを招聘しながら、全国数ヵ所の公演をツアー形式で行い、素晴らしいショーを作り上げることができてきたのは、全力の演技を見せてくれる出演スケーターたち、献身的なスタッフと会場係の方々、そして応援し続けてくださった観客のみなさまのおかげである。改めて感謝に堪えない。フィギュアスケートという表現のはかり知れない魅力と可能性を、アイスショーという形で世に送ることで、今後の発展のために何かしらの役割を果たすことができていたらと願うばかりである。

この十年間、スケーターとアーティストのパフォーマンスを引き立てるためにさまざまな工夫をしてきた。具体的には、音響と照明においては、ビッグアーティストのコンサートに肩を並べるような空間を作り上げる努力をしている。

アイスショーはリンクを三方から観客席が囲む構造で行う。録音音源で行う場合は、天井に設置したスピーカーが上から音を鳴らす形で会場全体に音を響かせるのだが、「ファンタジー・オン・アイス」の場合は、正面の舞台でライブ演奏を行っている。この正面から出る音と、天井から降り注ぐ音の融合がきわめて難しい。客席のどこで聴いても音にムラが出ないよう、音の誤差を調整しながら均一に混ぜ合わせることができるように、機材の品質やスピーカーの設置位置、音量には気を遣っている。

照明にも同じことがいえる。十年で大きく変わったのはレーザー照明でできることが増えたということだと思うが、これも正面から見たら綺麗でも、サイド席から見たらどうなっているか、必ず位置を変えながら確認する。オープニングやフィナーレなど、グループでのナンバーも多いが、グループはとくに照明の役割が大きい。ピンスポットで特定のスケーターばかりを追ってしまうと、全体の様子がわかりづらくなる。かといって、暗くしすぎてスケーターがよく見えないというのでは困る。ピンスポットが八本しかないなかですべてを追うことはできないから、私がプロデューサーとして、「この場面ではこの人を、この場面では全体をもう少し明るく」といったように、メリハリを出すための判断をすることはよくある。照明によって全体の流れが格段に引き立つから面白いものだ。予算が足りなくなった場合、まず削られるのが照明の予算であることが多いが、ピンスポットだけのアイスショーはわびしいものだから、ここだけは削れないという意識をもっているし、全体の演出を考えるときも、照明の機材の進化についてはつねに頭の片隅に置いている。

二〇一九年の「ファンタジー・オン・アイス」には、ヴォーカリストのＴｏｓｈｌさんが登場してくださった。幕張公演にはＴｏｓｈｌさんに加えＢＥＮＩさん、ヴァイオリニストの末延麻裕子さんが出演、音楽監督は二年目の武部聡志さんが担当した。初登場のアリーナ・ザギトワ選手、八年ぶりのエリザヴェータ・トゥクタミシェワ選手など、顔ぶれも多彩になった。Ｔｏｓｈｌさんが歌う「赤いスイートピー」をジョニー・ウィアーが滑ったが、彼は日本語の歌詞の意味を取り違え、白い衣装を用意して日本にやってきた。曲の世界観を表現することには人一倍気を遣う彼はそのことを気にかけて、リハーサルの際に衣装担当の折原美奈子さんと意見を交わし、白い衣装に赤いサッシュベルトを加えることで表現を完成させてくれた。「Ｉ　ＬＯＶＥ　ＹＯＵ」はステファン・ランビエルが滑り、日本の歌謡曲のカヴァーが氷上にアーティスティックに描かれていく様子に目を見張った。ステファンは尾崎豊の歌詞も理解して臨んだ「Ｉ　ＬＯＶＥ　ＹＯＵ」が大いに気に入り、彼にとっても特別なプログラムになったようだ。羽生選手は「マスカレイド」「クリスタル・メモリーズ」の二曲。「マスカレイド」は彼を代表する競技プログラム「ＳＥＩＭＥＩ」や「ＨＯＰＥ＆ＬＥＧＡＣＹ」「オペラ座の怪人」などを振付けたシェイリーン・ボーンが手がけたプログラムで、彼のパッションあふれる滑りとＴｏｓｈｌさんのソウルフルな歌声がバチバチと火花を散らすような、過去数年でも指折りの熱いコラボレーションとなった。羽生選手は毎回全力投球で、力を出し尽くしてぎりぎりの体力だけを残してバックステージに戻っていく様子にはハラハラしつつも胸が熱くなったものだ。いっぽう、「クリスタル・メモリーズ」はかつて名作エキシビション・ナンバーの「NOTTE STELLATA（THE SWAN）」を振付けたデイヴィッド・ウィルソンによるもの。こちらはしなやかな音楽性がステップの一つひとつにいきいきと表れ、羽生選手の表現の幅、この十年の歩みが如実に示された二つのコラボレーションとなった。

毎回、違うアーティストを招くことで、違う世界観のアイスショーをお届けしたい。そういうコンセプトで始まった「ファンタジー・オン・アイス」も、十年間の試行錯誤と経験、スケーターの成長によって、成熟し、洗練の度合いを深め、一流のエンターテインメントとして胸を張れるようなショーへと進化を遂げたと思う。私自身も客席でショーを見ながら、お客さまの反応が年々よくなっていることを実感してきた。それはショーが向上してきたのと同時に、お客さまがアイスショーの楽しみ方を開拓し、フィギュアスケートを見る目を育て、多くのスケーターに声援を送ること自体を楽しんでくださっているからにほかならない。

もう一度、関係するすべての方々に感謝の念を贈るとともに、これからまた観客のみなさまを驚かせるようなエンターテインメントを繰り出したいと、アイディアを練る日々である。変わり続けること、高め続けることを通して、「ファンタジー・オン・アイス」をブランドとしてさらに育てていきたい。そう胸に刻んでいる。

第四章　イベント制作の裏側

●現場で育む優先順位の判断

若いころの話になるのだが、イベントの舞台裏で廊下を歩いていると、「そこのきみ、あっちの控え室に〇〇を用意しておいて」などと声をかけられる。若いスタッフ相手だからティッシュペーパーといったレベルの些細なものなのだが、「わかりました」と言ってまた歩き出すと、また「真壁くん、あれをこっちの〇〇控え室に」と声がかかる。新米にはよくある光景だが、ここから何を学ぶか。

用を言われた順番は無視して、最初にやらなくてはならないことは何かを考え、瞬時に優先順位をつけるということだ。仕事内容の大小に関わらず、イベントやエンターテインメントを制作する仕事で大切な能力は、「臨機応変に考え、優先順位をつける。何があっても焦らない」ことである。

なにしろ、関わる人間の数が多い。アイスショーの裏側でも、本番の開演時間が迫るなかで、思いもよらないことが起きる。それがどんなに本番直前でも、どんな急な変更でも、焦ったら終わりだ。いま何が要るのかを冷静に判断しなくてはいけない。

内心で焦っていても、もしそのまま焦った口調で別の人に伝えたらどうなるだろうか。たとえば、出演者の急な変更が決まったとして、それをアナウンスする司会者に大慌てで伝えたとしたら、要点を聞き損なった司会者は間違えて言ってしまうかもしれない。それならば、多少時間がかかっても、自分が差し替えのアナウンス原稿をその場で書いて司会者に渡したほうが間違いない。逆に、こちらに要望を言ってくる側も焦っているから、必要な情報を百パーセント言語化して伝えられていないかもしれない。八十パーセントの情報量から、残りの二十パーセントをしっかりと聞き取る姿勢でいなくてはいけないのだ。まず判断をする自分が冷静で居続けることで、どんなにギリギリな状況でも、相手に完全な情報を理解させることができる。簡単に言うけれども、これはなかなか難しい。

瞬時に必要なことを冷静に判断する、臨機応変に対応する能力というものは、やはり現場でしか培うことができない。仕事として関わり、本番が迫るというプレッシャーがかかるなかで、次に起きることを予測する。緊迫した空気のなか、深呼吸ひとつで気持ちを落ち着かせて、誰に、どう伝えていくか、どう動かしていくかを効率よくスピーディに考えるのだ。

こうした機微を学んだのは、初めて自分を名指ししてもらって受注したイベント運営の経験が大きかったと思う。それまでのイベントの仕事で付き合いのあった放送局から、「真壁に任せたい」と言われて受注したのが、角川書店が開催した読者サービスのイベントだった。東京湾を周遊する客船「サンフラワー号」を借り切り、船内でさまざまなコーナーを作って一日がかりのイベントを行う。当時は角川映画全盛の時代。社長の角川春樹さんが船長を務め、当時角川三人娘と呼ばれた薬師丸ひろ子さん、原田知世さん、渡辺典子さんが乗船、野村宏伸さんも登場して、コンサートをはじめとするさまざまなコーナーを運営した。五百人のファンが乗船する新機軸の企画で、前例がないからマニュアルもない。自分の名前で指名を受けて発注してもらったのはうれしかったが、同時に担当責任者たる自分にプレッシャーがかかる現場でもあった。胃が痛くなるような思いで現場に臨むから、一つひとつの出来事から学ぶことが多いし、トラブルを回避したいという思いも切実だ。

イベントの制作担当者は、こうした機会に恵まれることで、格段に成長できるものなのだ。小さな行き違いやトラブルならまだしも、イベントの進行状況によっては、どうしても安全に関わるような事案が発生してしまうこともある。危機管理ともなれば、いっそうの迅速さと正確さが求められるのは言うまでもない。そうした場面で瞬時に正しい判断を下す冷静さが、エンターテインメントの現場でもっとも求められる能力であろうと思う。

●信頼関係と仕事力

赤字と黒字を繰り返しながら成長してきたアイスショー主催事業だが、そのなかでずいぶんさまざまな経験をした。

準備段階でチケット販売の赤字が見えてくると、ショー制作の現場はどうしても暗い雰囲気になる。近年は数社で共催することも多いから、そういうときこそ円滑なコミュニケーションを取らなくてはいけない。だが実際には運営方針や経費分担の面で、すでに開催しているにもかかわらず共催社から運営費縮小を要求して来られたり、何もかもが負の連鎖になってしまうこともないとはいえない。そうした苦い経験を通して勉強になったこともたくさんあった。

やはり苦境にあってこそ人の本質が出るものだから、苦境に手を差し伸べてくれた人、苦境を分かち合ってくれた人と仕事をしたいと思うのは当然のことだし、次の失敗を防ぐうえで、お互いに安全保障ともなりうる。長く付き合いが続いているのは、そういう信頼関係が築けた会社であり、人である。

「ファンタジー・オン・アイス」では、地方の共催の方々、観客の方々といい関係を築くことができた。首都圏では氷を張るショーに適した会場を探すのがなかなか難しい状況のなかで、まず突破口となったのが、「ファンタジー・オン・アイス」がスタートする前年に金沢で「アイスジュエリー」を開催できたことだった。「ファンタジー・オン・アイス」が始まってからも、新潟や金沢をはじめ、何度もショーを開催して協力関係を築かせてもらった土地も多い。

我々は目に見える商品を作っているわけではないから、営業といっても、それを支えるものは究極的には個人の信用、人間性だけしかない。営業の極意とは、と聞かれることも多いが、実際には教えて身につくものでもない。自分自身は「運がよかった」と思うばかりだが、やはり何かがあったのかもしれない。結局は人付き合いのよさが重要なのだと感じる。何か声をかけられたら基本的に断らないことから始まり、それが気づけば仕事の付き合いになっていくことも多い。「この人に頼もう」と思われるような人間であろうと努力するべきなのだと思う。

私が一緒に仕事をしたいと思うのは、自分が思ったことを口に出して言ってくれる人、こちらが「こういう感じにしたいんだけど、具体的に思いつかない」と考えているような漠然としたアイディアを、専門的な見地から「こうすれば実現できる」とまとめたうえで、新たなアイディアを上乗せして提案してくれるような人だ。私自身も、批判的にアイディアの芽をつぶすのではなく、自分の専門をもとにアイディアを生かしていくような方法を考えるよう心がけている。お互いの専門領域をバックグラウンドに、そうしたやりとりを重ねていくことができれば、現場をよりよくしていくことができる。

現場のいい雰囲気を作り上げるために大切なのは、やはり事前の段取りである。どんなに優秀な演出家がいたとしても、演出家の考えるプランを寸分たがわず具現化する舞台監督がいなくては、現場の仕切りはできるものではない。現場のすべてを頭に入れてリーダーシップを振るう舞台監督は、往々にして偏屈なタイプが多いが、その仕事ぶりは学ぶべきことが多い。

舞台監督がまずやることは、演出家が出してくる台本を、実際に舞台を進行する詳細な時間軸まで落とし込んで、進行表を作ることだ。時間の推移ごとに、演者の動き、裏方の動き、機材の動きを何もかも細かく一覧表にする。まだアシスタントだったころにその進行表を見たときは、これほど緻密に作るのかと驚嘆した。だが詳細な設計図があってこそ大きな建築を作り上げることができるのと同じで、ショーの規模が大きくなればなるほど、正確で緻密な進行表は必須である。それをもとに、事前の準備を進めていく。

事前に準備できる段取りは緻密に、思いがけないことが起きる現場では臨機応変に。我々が関わるスポーツイベントで、長らく受け継いでいるセオリーである。

ショーが間近になり、スケーター、スタッフとも会場入りすると、いよいよ本番が近づいてくる。気を遣うのは現場のホスピタリティだ。過ごしやすい環境を作ることで、スケーターには気持ちよく最大限のパフォーマンスを発揮してほしいし、スタッフにとっても働きやすい環境にする。ひいては観客の方々にも最大限に喜んでいただける。そうした「場を作る」ことで、出演者やスタッフが気づきを得て、次のステップを発見することができ、向上心をもって取り組んでいくことにつながっていくのだろうと思う。

「ファンタジー・オン・アイス」は、二〇一五年ごろからスケーターの人数が非常に多くなったという印象が強い。オファーを断られることが減ったということなのだが、それはアイスショーとして成長し認知されるようになったという以上に、それより以前に日本での世界選手権やNHK杯に参加し、いい印象をもって帰国したスケーターが多くなったことが理由だったと思う。日本の大会運営能力はやはり世界を見回してもとても高く、選手にとっても気持ちよく演技ができる環境が約束されている。大会で身をもってその快適さを体験したスケーターたちは、安心感をもってアイスショーへのオファーも受けてくれるのだ。ショー自体の格式や演出の良し悪し、また出演料も出演判断にはもちろん影響するだろうが、それ以上に、ストレスなく自分の能力を見せることができる現場であることは大きな意味をもつのだと思う。どんなホテルに泊まるか、どんな食事が出るか。スケジューリングはどうか。一つひとつは単純で些細な部分に見えるかもしれないが、人間が作るものである以上、基本的なニーズに心を砕くことは重要なことだ。

そのためにも必要なのは、実際に動くスタッフに権限をもってもらうことだと思う。現場のニーズに気づくのは現場に近い人間であり、その当人がすぐに手当てをすることができれば、スピードを滞らせることがないし、何より仕事が面白くなる。受注の仕事のときは、顧客から指示されたことだけでなく、言われていないこと、気づかないようなことまで先回りして手当てしているからこそ信用を得ているのだが、彼らは主催の仕事のときも、重要な判断を誤らない。現場の判断で進めつつも、主催者である私が判断すべき事柄はすぐに私のところに上がってくる。準備段階から当日の公演まで、私が口を出さなくても、一騎当千の社員たちが自律的に動いて作り上げているのが、現在の「ファンタジー・オン・アイス」なのである。

●人を見る目

エンターテインメント事業は、人に始まり、人に終わる仕事。だからこそ、人を見る目を養うことが大切になる。それは才能を見抜く目という意味でもあるし、自分にはない能力をもつ人に対するアンテナという意味でも、信頼できる人と出会う縁という意味でもある。

初期に主催したアイスショーで、スケーターの招聘にあたって間に入ったエージェントのセルジオ・カノバスは、そうした目利きのひとりであり、率直に話ができる人物だった。いまでは自社でスケーター側とじかに連絡を取っているが、まだ経験が浅かった当時は彼が一手にとりまとめてくれていた。スケーターの人選やプログラムの内容についても、当時はかなりの部分をエージェントに任せるというアプローチだった。一度目のアイスショーは赤字に終わったが、きちんと準備することができた二度目のアイスショーで一応の成果を挙げることができたことは、彼の力に負うところも大きかったと思っている。

そうした目利きたちとの縁があって、ここまで事業を成長させてくることができたのだが、自分自身が才能を見抜くことができたかというと、うまくいったことも、うまくいかなかったこともある。もちろん、一度大きく成功できれば十分ということもあるから、一概には言えないが、私自身にあるのは、それぞれの分野で目利きとして知られる人物たちと親しく付き合うという、やはり人付き合いの範疇に入る力なのだと思う。

誰かに仕事の重要な一部分を任せるということは、その誰かが力をもつということでもある。出演者や関係者には、日本でのプロモーターは私だと認識はされていたが、実際にスケーターに声をかけ、契約まで連絡を取り合うのはエージェントだから、代理人のほうが重要人物だと思われる局面もあっただろう。任せるべきは任せ、しっかりと手綱を締めるべきときにはこちらでコントロールをする。人と人の付き合いだから、定型的な方式があるわけではなく、明確に役割分担し、全員が力を発揮できる現場を作り上げるということなのだと思う。これを私たちの世界では「仕切りがいい」と呼んでいる。

私自身が欠かさないのは、アイスショーの本番では毎回必ず正面やリンクサイドなどのいわゆる特等席に座って、公演すべてを見ることだ。それも、出演スケーターに私が見ていることを意識してもらうようにする。裏方だから表には行かないという考え方もあるだろうが、私が面白いと思うもの、いいと思うスケーターの演技を観客のみなさまに届けたいと思っている以上、その同じ空間で私自身が見届けなければ嘘になってしまう。私自身が内容に責任をもつという意識の表れである。その結果、スケーターたちはたとえば何度も転倒するような演技になってしまったとき、あとで私のところに「転んでしまってすみません」と謝りに来たりするようになった。それだけ、緊張感をもって一回一回の演技に臨むという効果も及ぼしているのではないかと思う。

それに、自分の目で見ていれば、氷上で何か問題が起きたときの対応もより早くできることも実感してきた。たとえば氷上で怪我をしたように見えたときは、すぐにバックステージに戻って状況を確認する。同じ理由で、時間と状況が許す限り、事前のリハーサルやサウンドチェックにも立ち会うようにしている。照明、音響といった各分野を担当してくれるスタッフ諸氏とも、当初はずいぶんと話し合いながらショーを制作したものだが、いまでは阿吽の呼吸で通じ合うようになり、あえてこちらのプランを説明しなくても意図をわかってくれるようになった。スケーター、アーティスト、スタッフ――信頼できる人々とともに同じゴールに向かって仕事ができることは何よりの喜びだ。

人と付き合ううえで、心がけているのは正直であることだ。というよりも、そういう性格なのだと思う。小手先のことをやりたくないという気持ちが強いのだ。すると、誰にも嘘をつかないわけだから、たとえば別々に話したAさんとBさんのあいだで話が食い違うということがない。余計な気を回す必要がないのだ。正直にやって、それでうまくいかないのであれば、もう仕方がないと諦める。

事業をするうえでは当然競争があり、つばぜり合いもあり、そのなかでいやな思いをすることもあった。やられたらやり返す、という発想になりかかったこともなくはない。だが、そこで「いや、待てよ」と踏みとどまった。そんなことをやったら、相手と一緒のレベルになってしまうと反省し、それからはたとえ不利益を受けても、自分のほうからその仕返しをするようなことは一切考えないようにしている。昔から「お人よしだ」と言われてきたけれど、たとえ損をしたとしても、だまされる自分が悪いと考える。悔しい思いはたくさんしてきたが、見る人が見ればわかってもらえるということもまた真実で、最終的には相手方のほうから歩み寄って、うまくまとまるという展開も経験してきた。目先のことにぶれずに、誠実に物事に対していくことには、じつは事業の推進力になっていたのだと感じている。

●原点は「志」

新しい分野に挑戦し続けるフロンティア精神、事業家精神はいつでも必要だ。これからの時代は、コンテンツをもたなければ勝負にならない。誰も真似できないコンテンツを作らなければ生き残っていけないのだ。制作会社としても、「営業して仕事を取ってくる」という時代は終わり、仕事は自分の手でつくるものになってきていると思う。

新規事業に乗り出すのはつねにリスクと背中合わせだが、「リスクのないところに利益なし」。最初にリスクを背負うことを恐れていては、その後の成功もない。もちろんむやみに未知の分野に手を出すというわけではないが、フィギュアスケートのフィールド内であれば、いくらリスクを背負ってでも、どんなことでも勝負したい、可能性を求めたいと考えている。本物と本物がぶつかり合ったときに生まれるまったく新しい空間を作り出していきたい。「ファンタジー・オン・アイス」を突き詰めていきたいという思いはもちろんあるが、それ以外の企画についても検討し、新しいアイスショーを作り出したいという思いもつねにもっている。

リスクを検討し、範囲を想定することも大事だが、それがスピードを犠牲にしてしまっては本末転倒だ。そのためにも、責任をとるべき自分がすべての決断を下すことが大事だと思っている。普段の仕事が「判断」だとすれば、より大きなものを決めるときには、「勇気ある決断」を下さなければならない場面がある。そのときに迷いなく決断することができる己でいなくてはならないのだ。

やはり、原点は「志」である。選手のためになるならやろう。日本スケート界の発展になるならやろう。お客様が喜んでくれるならやろう。そういう、「誰かのためになること」に取り組むのでなければ、続かない。最初から「金儲けをしてやろう」という動機だったら、ここまで来られていなかったはずだ。私利私欲ではなく、志をもって取り組めば、その気持ちは自然と周囲に伝わっていくものなのだ。

リスクと責任はすべて自分で負うことを信条としてきた。そのためには、自分自身が前に進んでいくという気持ちが欠かせない。では己を支える内的な動機といったら何だったろうか。おそらく、「人がやっていないことをやろう」「人がびっくりすることをやろう」という気持ちだったと思う。

誰も見たことがないもの、ゼロから作り上げるものを追求していけば、面白いものを届けることができるし、自分も仕事をしていて面白い。人を驚かせるためには誰よりも先んじて最初にやらなければならないから、まずは起点となるコネクションを作るために国内外どこへでも自分の足を運ぶ。これまで、出かけていく先々で「日本から初めてこれを見にきたのはお前だ」と言われることも多かった。好奇心と行動力をもって、どこへでも出かけることも事業家に必要とされる姿勢のひとつだろう。

とはいえ、ここまで来ることができたのは、多分に「運のよさ」も大きかったと考えている。多くの人々の協力を得て好きな仕事ができているのだから、ありがたいことである。

第五章　選手強化につながるエキシビション

●アイスショーとエキシビション

ここで、日本国内の大会におけるエキシビションについて振り返っておきたい。日本を代表する選手が一堂に会し、日本のトップを決める大会が毎年十二月の末に開催される全日本選手権。いまとなっては想像もつかないかもしれないが、かつての全日本選手権ではエキシビションが行われていなかった。

フィギュアスケートは不思議なスポーツで、アスリートたちが表彰台を懸けて戦う競技でありながら、試合が終わった翌日には、彼らがそれぞれに華やかな演技を披露するエキシビションが開催される。エキシビションは、難度の高い内容と完成度を追求する競技とは様相を異にし、各人が自分の個性と持ち味を生かして観客にアピールする場だ。厳しい戦いに臨み、結果を出したスケーターを称える場でもある。

ヴォーカル入りの音楽が競技では使用を許可されていなかった時代から、エキシビションナンバーとして用意したスケーターは多かったし、競技では許可されていない小道具の使用やバックフリップ（後方宙返り）といった技など、エキシビションならではといえる見どころも多い。世界選手権などのメジャー大会では、試合と並んでテレビ放送の中継ラインナップに入っていることがほとんどだ。

選手が試合経験を通して成長するのは当然のことだが、満場の観客が見つめるなかで、ルールの制約がない演技を滑るエキシビションという場においても、発見できること、吸収できること、成長できることはあるのではないか。自分らしいパフォーマンスとは何か、観客とつながり合う演技とはどういうものか、自分で考える材料になるのではないか。そしてそれは、競技力の向上と強化にも活かせるのではないか。早くからエキシビションやアイスショーを見る機会が多かった私は、ずっとそのように考えていた。そして、いつしか「エキシビションを通して、日本選手の強化に寄与したい」という夢をもつようになった。とくに、「日本の選手は技術は巧くてもシャイで表現がいまひとつ」と言われることも多かった時代である。そんなはずはない、試行錯誤を通して学ぶことができれば、日本の選手には表現の才能があるはずだと考えていた。いま世界で活躍する日本選手を見ていただければ、当時のそういった批判が的外れであったことは明らかだろうと思う。

日本最強の選手を決める年末恒例の全日本選手権といっても、かつてはいまでは想像もできないくらい、こじんまりした規模で行われていた。だが、一九九八年の長野冬季オリンピックがひとつの契機となり、フィギュアスケートにもより大きな関心が寄せられ始める。二〇〇〇年代に入ると、全日本を勝ち抜いて世界の大舞台へと駒を進める選手たちを称え、応援しようという機運が醸成されてきた。

ちょうどそのころに、日本スケート連盟の協力を得て、「フィリップ・キャンデロロ・ファンタジー・オン・アイス２００２」に日本の若い選手たちに出演してもらうことができた。その前年の初回ツアーではシニア選手が出演してくれたが、第二回は十一月に開催されたため、シーズン真っ盛りでシニア選手が出場するのが難しい時期だった。しかし、二〇〇二年の世界ジュニアを制し、この年にシニアデビューを果たした髙橋大輔選手の出演が決まり、さらに、全日本ノービスＡで目覚ましい優勝を遂げた浅田真央選手が出演した。浅田真央さんはこのとき小学校六年生だったが、大人のスケーターに混じって堂々たる演技を見せてくれた。フィリップらしい演出が施されたエンターテインメント色が強いアイスショーは、まだ若い選手たちの目にも新鮮に映ったはずだ。観客の前で緊張感をもって滑ることが、選手にとって強化の機会につながったと周辺にも評価していただいた。その体験も、エキシビションという機会の創出へと進み始めた要因のひとつだったと思う。

●メダリスト・オン・アイス

日本の現役選手のエキシビションを開催しようという具体的な話が持ち上がったのは、二〇〇二年に向けてのことだ。二〇〇一／二〇〇二年シーズンは、二月にアメリカのソルトレイクシティで冬季オリンピックが、三月には長野で世界選手権が行われるオリンピック・イヤーだった。この機にあたって、日本スケート連盟から、出場する日本選手の壮行エキシビションを開催できないか、という打診を受けた。CICは全日本選手権の運営を請け負っていたから、その流れのまま壮行エキシビションの運営に携わることになった。

オリンピック直前の一月の終わりに、壮行エキシビション「GET A CHANCE 2002」と題して、国立代々木競技場第一体育館で開催することになった。一万人収容の体育館で、二〇〇〇人ほどの観客が来てくれただろうか。家族や関係者の顔も多く見られ、手づくりの雰囲気が漂うイベントだった。

とはいえ、この手づくりのエキシビションには、オリンピックや世界選手権に赴く当時の日本のトップ選手が集結してくれた。

本田武史さん、竹内洋輔さん、恩田美栄さん、村主章枝さんをはじめ、大舞台に挑む日本代表が演技を披露。オリンピックに出立する直前であり、当初はオリンピック前にケガでもしたらという懸念が本人にはあったようだが、本田さんはショートプログラムの「ドン・キホーテ」を完璧に滑り、その直後に挑んだオリンピック本番のショートプログラムでなんと二位につけた。最終の結果では惜しくも四位となったが、ソルトレイクシティで大いに存在感を発揮し、日本男子が世界の強豪と互角に渡り合って戦えることを示す先駆けとなった。本田さんは、壮行エキシビションで完璧に滑ったよいイメージを持ったままで、現地ソルトレイクシティに赴いたのだという。エキシビションの経験が競技にもよいフィードバックをもたらすことの証を、先頭を切って見せてくれた。

よい流れを受けて、その次のシーズンにあたる二〇〇二年十二月の全日本選手権で、初めてのエキシビションを行うことになった。現在まで続く「ＡＬＬ　ＪＡＰＡＮ　メダリスト・オン・アイス」の誕生である。

会場は国立代々木競技場第一体育館。全日本選手権の翌日に、アマチュアの競技団体である日本スケート連盟が主催するイベントだったから、会場費などの経費を抑えて開催することができた。いまの時代と比べたらささやかながら、会場を暗くしてピンスポット照明を入れるなど、エキシビションらしい演出を施した。照明の強い明かりが目に入ったり、足元が暗くて見えにくかったりと、エキシビションに出る経験が浅かった選手たちにとっては戸惑いがあったかもしれない。だが二〇〇〇人の観客にはとても温かく受け入れていただき、これが、現在まで毎年欠かさず続く「メダリスト・オン・アイス」の第一回となった。

「メダリスト・オン・アイス」で印象深かった年は、まず二〇〇三年末の第二回。その年の全日本選手権は長野開催だったが、「メダリスト・オン・アイス」は場所を移して、新横浜プリンスホテルスケートセンターで開催した。ゲストはアレクセイ・ヤグディン。ソルトレイクシティ・オリンピックで金メダルを獲り、長野世界選手権にも出場して、そのドラマティックな演技で人気を誇った彼が、現役引退を表明した直後に「メダリスト・オン・アイス」のため来日してくれた。彼の人気がチケット販売を牽引したが、幕が上がると、日本の選手たちの個性さまざまな演技はうれしい驚きを観客にもたらし、大いに盛り上がった。

ヤグディン、マリナ・アニシナ&グウェンダル・ペイゼラ、申雪&趙宏博を招いて開催した二〇〇四年十二月の第三回では、全日本二連覇の安藤美姫さん、不動の王者本田武史さんをはじめ、浅田真央さんが出演するなど、いよいよ日本の選手の台頭が鮮明になった。前シーズンの世界選手権で初優勝の快挙を挙げた荒川静香さんは残念ながら怪我で全日本選手権を途中棄権したのだが、シーズン最後の世界選手権代表に選ばれ、トリノの栄光に向けて近づいていくことになる。そのトリノ・オリンピックを目前に、DREAMS COME TRUEに出演をいただいて開催したのが二〇〇五年の第四回だった。

「メダリスト・オン・アイス」のスタイルが確立したのは、二〇〇六年の第五回だったように思う。荒川静香さんのトリノでの快挙で、フィギュアスケート全体の注目度が上がるなか、それにふさわしい格式のエキシビションにするにはどうすればいいか。以前から「フルオーケストラの演奏で滑ってみたい」と幾人かのトップ選手からリクエストされていたことがインスピレーションになった。大阪・なみはやドーム（当時）にフルオーケストラを入れ、指揮者の金聖響さんにクラシック音楽と氷のコラボレーションという前代未聞の試みでタクトを執っていただいた。大トリはもちろん金メダリスト荒川静香さんのオリンピック・プログラム「トゥーランドット」。そしてフィナーレは年末にふさわしく、「第九」を京都市交響楽団のフルオーケストラと約百名の合唱団、ソプラニスタの岡本知高さんが歌い上げる感動的なシーンとなった。

「メダリスト・オン・アイス」は当初、チケット販売という意味では波があった。だが次第に右肩上がりとなっていき、それと同時に会場の熱気が増していった。その軌跡は、日本でのフィギュアスケートの人気の高まりと、ぴったりと比例していたのかもしれない。

●ドリーム・オン・アイス

毎年六月から七月にかけて開催している「ドリーム・オン・アイス」は、二〇〇四年にスタートした現役選手によるエキシビションだ。「メダリスト・オン・アイス」が壮行会なら、「ドリーム・オン・アイス」は世界選手権や世界ジュニア選手権などで戦った選手たちの成果とそれまでの努力を称えるエキシビションである。

初回を行ったのは二〇〇四年六月。それに先立つ二〇〇三／二〇〇四年シーズンは、十二月のグランプリファイナルで村主章枝さんが優勝、年が明けて三月の世界ジュニア選手権で安藤美姫さんが優勝、そして三月のドルトムント世界選手権で荒川静香さんが初優勝したシーズンだった。日本選手が世界で戦える、世界で勝てることが、いよいよ鮮明になってきた。だが、そこまでの強さに至ってもなお、選手たちが自分の演技を観客の前で披露し、その反応を確かめる場が試合しかないという状況は変わっていなかったのだ。

そこで、日本選手中心のエキシビションを、シーズンが切り替わる初夏の時期に開催しようということになった。シーズンオフにあたる時期に、トップ選手だけでなくジュニア選手も多数登場するエキシビションを、果たしてお客様は見に来てくれるのか。そんな不安も交錯するなかでの開催だった。

新横浜プリンスホテルスケートセンターで開催した初回は、アレクセイ・ヤグディン、マリナ・アニシナ＆グウェンダル・ペイゼラ、ヨーロッパ選手権で初めて優勝したブライアン・ジュベールをゲストに招いた。競技のトップクラスで活躍する海外スケーターの演技や人柄に間近で触れることは、若い選手にとって模範となり、必ずよい影響があるはずだと思っての招聘だった。選手として頂点を極めたスケーターたちは、後進の若い選手に対して温かい態度で接してくれることが常で、まだこれからの若い選手を応援してくださる温かい観客にも恵まれて、それ以来毎年開催することができている。

「ドリーム・オン・アイス」に出演できるのは、前シーズンの重要な試合で日本代表になり活躍した日本の選手たちだ。フィギュアスケートのシーズンが切り替わるのは七月一日なので、その前後に開催して、成果を挙げた選手たちを顕彰する。オリンピック、世界選手権、グランプリファイナルといったメジャー大会はもちろん、ジュニアの世界大会から全日本ノービス選手権の優勝者も対象だから、いちばん年少の出演選手は小学生だったりする。彼らにとって、世界のトップ選手の演技を目の前で見る機会は大きな糧になるはずだ。

そうした思いに共鳴してくれるからか、毎年世界のトップスケーターが来てくれている。世界選手権二連覇のネイサン・チェン選手は二〇一七年に初登場。その前年末のグランプリファイナルで感銘を受けてエージェントに声をかけ、二〇一七年四大陸選手権が開催された韓国・江陵の会場で、優勝という結果が出る前に正式にオファーした。だからネイサンが日本のアイスショーにデビューしたのは「ドリーム・オン・アイス」だった。二〇一九年はネイサンにとって三度目になる「ドリーム・オン・アイス」出演となったが、じつはこれもネイサンのエージェントのほうから、「今年は呼んでくれないんですか?」と声をかけてくれた。「ドリーム・オン・アイス」で滑るのを楽しみにしてくれているのはうれしいし、若い選手たちのいいお手本になるというこのエキシビションの伝統をいま担っているトップ選手の筆頭だ。

また、まさにこれから世界の舞台に躍り出るに違いない海外の若いスケーターを招くことも多い。最近では、ロシアの新星アンナ・シェルバコワ選手が二〇一八年「ドリーム・オン・アイス」で初来日。その翌年に、アリョーナ・コストルナヤ選手、アレクサンドラ・トゥルソワ選手、二度目のシェルバコワ選手を招き、二〇一九／二〇二〇年シーズンにシニアデビューして破竹の勢いで世界の表彰台をさらったロシアの女子たちをそれに先立つ夏のうちに日本の観客に紹介することができた。ジュニア世代の有望株を招くためには、まずは自分の目でそのスケーターを見ることが欠かせないから、シーズン中に国内外を問わずさまざまな試合に出向き、確かめるようにしている。

フィリップ・キャンデロロ「ダルタニヤン」
（フィリップ・キャンデロロジャパンツアー 2001）

フィリップ・キャンデロロ「ブレイブハート」
(2002)

ファンと交流するキャンデロロ

フィリップ・キャンデロロ「ゴッドファーザー」
(フィリップ・キャンデロロ　ファンタジー・オン・アイス 2002)

フィリップ・キャンデロロ「オースティン・パワーズ」(ファンタジー・オン・アイス 2003)

キャンデロロと筆者

「日本の祭り」を担当した 20 代の頃

キャンデロロ、エージェントのカノバスと

エフゲニー・プルシェンコとは来日のたびにゴルフへ

パリのムーラン・ルージュでキャンデロロと

荒川静香（シアター・オン・アイス 2006）

ジョニー・ウィアー（COI2007）

ステファン・ランビエル（チャンピオンズ・オン・アイス［COI］2006）

イリヤ・スルツカヤ（COI2006）

サーシャ・コーエン（COI2006）

荒川静香、ランビエル、アニシナ、ペイゼラ、ベルナディス（COI2007）

ステファン・ランビエル、アントニオ・ナハーロ「ポエタ」
(COI2008)

ジョニー・ウィアー

羽生結弦

ヴィクトール・ペトレンコ

群舞（この頁 4 点／アイスジュエリー 2009）

アレクセイ・ヤグディン（メダリスト・オン・アイス［MOI］2004）

岡本知高（MOI2007）

マリーナ・アニシナ＆グウェンダル・ペイゼラ（MOI2004）

メダリスト・オン・アイス 2011

ステファン・ランビエル（DOI2010）

安藤美姫（DOI2010）

エフゲニー・プルシェンコ（DOI2010）

宇野昌磨（DOI2010）

羽生結弦（DOI2010）

浅田真央（DOI2010）

宮原知子（DOI2012）

髙橋大輔（DOI2010）

カロリーナ・コストナー（DOI2012）

ステファン・ランビエル
「Let the Good Times Roll」

スケーターとアーティストとの初のコラボレーションがゴスペラーズと実現

羽生結弦

エフゲニー・プルシェンコ

フィナーレで

ジョニー・ウィアー

オレクシイ・ポーリシュク&ウラジミール・ベセディン

エリザヴェータ・トゥクタミシェワ

羽生結弦「ヴァーティゴ」

羽生結弦「花になれ」

荒川静香

羽生結弦とシンガーソングライターの指田郁也

ステファン・ランビエル

ハビエル・フェルナンデス「エアロビック・クラス」
ブライアン・オーサーと

荒川静香と安藤美姫

フィナーレ

羽生結弦「パリの散歩道」

P&G Presents
Fantasy on Ice 2014

羽生結弦　フィナーレ（幕張公演）

（左から）ペシャラ、キャンデロロ、ランビエル、ブルザ（富山公演）

郷ひろみ＆羽生結弦「言えないよ」（幕張公演）

羽生結弦「Hello, I Love You」

ステファン・ランビエル「Nessun Dorma」

エフゲニー・プルシェンコ「タンゴ・アモーレ」

幕張イベントホールでの公演

ジェフリー・バトル

ハビエル・フェルナンデス

羽生結弦とプルシェンコ

ジョニー・ウィアー「ビヨンセ・メドレー」

羽生結弦とハビエル・フェルナンデス

ジョニー・ウィアー「白鳥」

羽生結弦「Wings of Words」

織田信成「勝手にしやがれ」

テッサ・ヴァーチュー＆スコット・モイア「ロクサーヌのタンゴ」

アンナ・カッペリーニ&ルカ・ラノッテ
「Dream a Little Dream of Me」

ステファン・ランビエル「I LOVE YOU」

ハビエル・フェルナンデスとアントニオ・ナハーロ

紀平梨花「Breakfast in Baghdad」

羽生結弦「マスカレイド」

on Ice

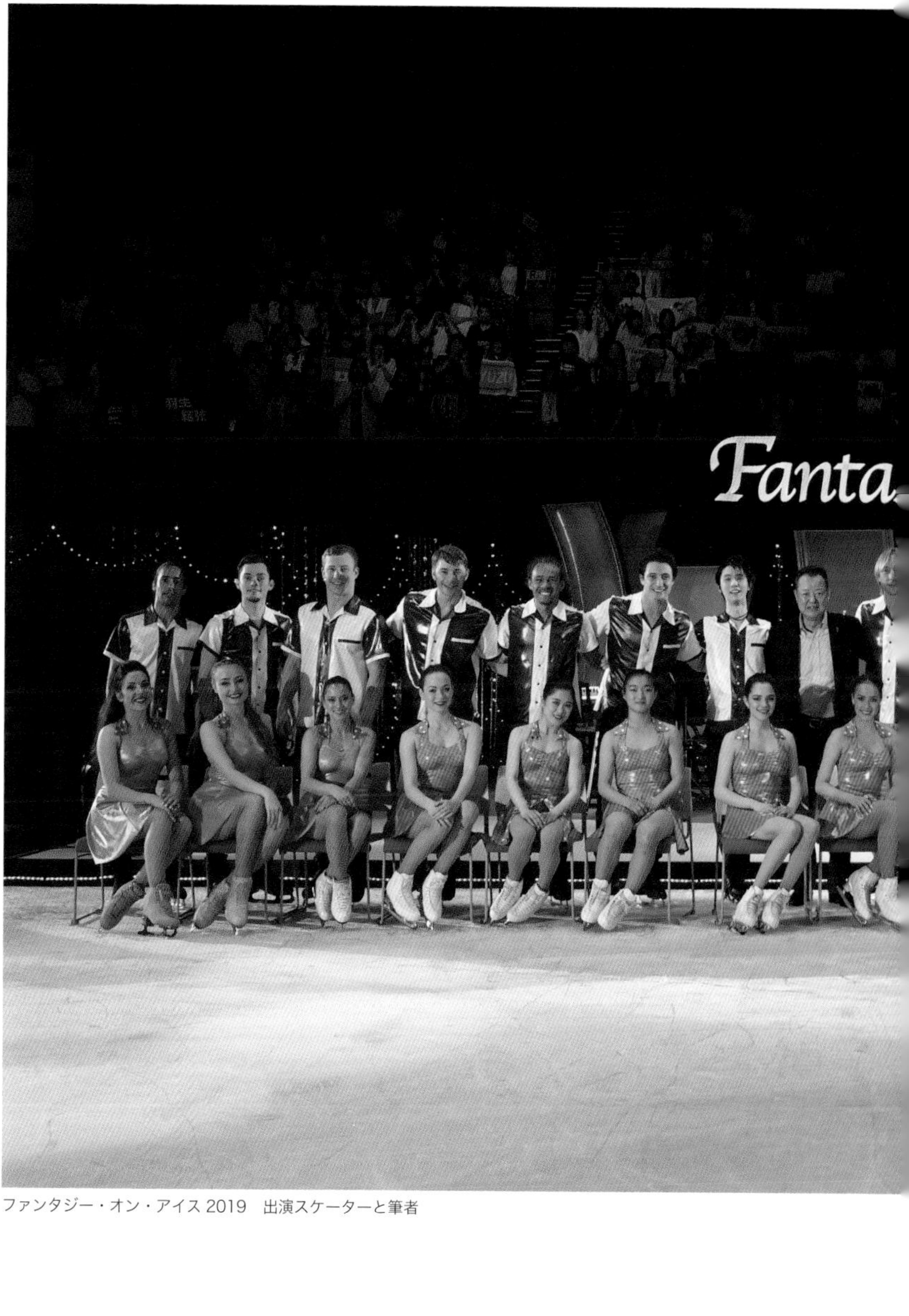

ファンタジー・オン・アイス 2019　出演スケーターと筆者

羽生結弦と真壁喜久夫（2019 年 7 月、富山）

第六章　ショーを輝かせるスターたち

●ステファン・ランビエル

「ファンタジー・オン・アイス」を続けてくるうえで、盟友とも思い、感謝もしている大きな存在が、ステファン・ランビエルである。二〇〇五年、二〇〇六年の世界選手権金メダリストで、二〇〇六年トリノ・オリンピックで銀メダルをとったステファンとは、その直後に日本で開催した二〇〇六年七月の「ドリーム・オン・アイス」で初めて出会った。

いまもなお「氷上のアーティスト」と呼ばれるステファンだが、若いころからその素質は顕著で、ジャンプだけではなく、スピンやスケーティングで大きな見せ場を作ることができた。とくにスピンは目が覚めるように美しい。スイスは「ビールマンスピン」で知られるデニス・ビールマンをはじめ、スピンが得意な選手を多く輩出しているが、これはスイスの伝統なのだろうか。ステファンの演技を見た瞬間から、思わず引き込まれる不思議な魅力をはっきりと感じさせたし、またぜひショーに出演してほしいと思わせるスケーターだった。

彼の第一印象は「生真面目な男」。時間を守るところをはじめ、一つひとつの行動に、日本人にも共通している几帳面さが感じられた。いちばんその真面目さが現れたのが、二年目の「チャンピオンズ・オン・アイス」での出来事だろう。

ショー出演のために来日したステファンが、なんとロストバゲージに見舞われてしまったのだ。なくされた荷物のなかにはスケート靴もコスチュームも入っていて、滑ろうにも滑ることができない。必死で航空会社と連絡を取ったが、初日に間に合わないというピンチを迎えた。ところが、初日の幕が開くと、ステファンがリンクに出てきて、何事もなかったかのように演技を滑りきってしまったではないか。どうしたのかと聞くと、一九九二年アルベールヴィル・オリンピック金メダリストのヴィクトール・ペトレンコと足のサイズが合ったため、頼み込んでスケート靴を借り、ゲストのフランメンコダンサー、アントニオ・ナハーロからコスチュームを借りて、予定していたプログラムを滑ったのだという。もちろん簡単なことではなかったはずだが、ショーのために行動しようとする彼の気概と責任感を感じた。そのころから、気持ちが通じ合っていったのかと思う。

その後の数年間は、独占契約という形でステファンを日本に招聘し続けた。現役引退、バンクーバー・オリンピック前の復帰と、彼のスケーター人生にも変化があったが、その間にもずっと「ファンタジー・オン・アイス」を特別に感じてくれてきた。彼は毎年、「ファンタジー・オン・アイス」のために新しいプログラムを用意しているし、ショーを盛り上げようという気持ちがその行動の端々に現れている。なめらかなスケーティングはいまも変わらず、ずば抜けた美しさだが、だからこそ見えないところでの努力がある。毎年きちんとコンディションを整え、ジャンプの質を保ち、あれだけのパフォーマンスを発揮するための努力は並大抵のものではない。それを表立っては見せない奥ゆかしいところも、彼ならではの資質だと思う。

現在、コーチとしても多忙な日々を送っているステファンだが、長年招聘し続けるなかで日本選手との縁が深くなり、彼自身がスイスで開催したアイスショー「アイス・レジェンド」に日本の選手を招いたり、夏に行っているトレーニング合宿に日本の選手が参加したりと、さまざまな交流を行っている。教え子の島田高志郎選手が世界を舞台に活躍を始めて、試合の場でステファンの姿を見ることも増えたが、日本の選手の強化という意味でも、ステファン自身のキャリア展開という意味でも、二重にうれしく思っている。同じく弟子のデニス・ヴァシリエフス選手には師弟共演という形で「ファンタジー・オン・アイス」に出演してもらうことも多く、日本のファンにもおなじみの存在になった。また、日本期待の宇野昌磨選手と紀平梨花選手の指導をすることになり、スケート界にとってステファン・ランビエルという人の重要性はいや増すばかりだ。その能力と、スケートへの大きな愛、選手たちに注ぐ愛情の深さは重々承知しているだけに、彼の健康と活躍を祈りつつ、さらに協調関係を発展させていけたらと願うばかりである。

●ジョニー・ウィアー

ジョニー・ウィアーは、二〇〇七年の「チャンピオンズ・オン・アイス（ＣＯＩ）」が初めてはっきりと魅力に気づいた機会だった。当時彼は全米選手権を三連覇（二〇〇四〜二〇〇六年）し、とくに北米で人気があったスケーター。もともと北米がベースだったＣＯＩのキャストのひとりとして活躍していて、そのＣＯＩをまるごと日本に招くという形だった。

ジョニーも、つねに裏切らない演技を見せてくれるスケーターだ。非常に個性的で、観客をあっと驚かせるような趣向を凝らした演技を用意してくる。ファッションに一家言のある彼らしく、自分でデザインするコスチュームも独特にして大胆。私などは「その衣装で滑るの？」と思わず聞いてしまうときもあるくらいなのだが、一本筋が通った美意識を総動員して、彼にしか作り出せないパフォーマンスを氷上に築き上げる。世界的に見ても、エンターテインメントとしてのフィギュアスケートを象徴するスケーターのひとりだと思う。

ジョニーは二〇〇六年のトリノ・オリンピックで五位、二〇一〇年のバンクーバー・オリンピックでは六位となり、オリンピック・メダルには届かなかったが、競技の枠に留まらないアーティスティックな演技と、花の冠をかぶって微笑んでいたバンクーバーのキス＆クライでの表情は多くの人々の心に残った。引退後はそれこそひっぱりだこで、ファッションリーダーとしてテレビ番組やイベントでもてはやされ、米国でのフィギュアスケートのテレビ中継では解説者としてもその声が流れることが多い。だが、ジョニー自身は注目されたことで浮かれたり、本道を外れたりするようなことはただの一度もなかった。クレバーかつ多才で、なんでもうまくこなす器用さも備えているのだが、スケーターとしてはとても真摯で、愚直といってもいいほど真剣なのだ。どんなにメディアに注目されても、「自分はスケーターである」という自己認識と、「観客を喜ばせたい」というメンタリティは少しもぶれないのである。ほんのわずかな暇さえあればリンクに足を運んで練習し、新しい趣向で観客を驚かせたいという情熱を持ち続けているところを私も尊敬している。

私は親しい間柄であっても、スケーターのパフォーマンスの質には妥協しない。よくない演技、練習の行き届かない演技なら、そのスケーターの出演回数を二回から一回へ減らすことも辞さないのだが、ジョニーに対してそういう気持ちになったことは一度もない。長い付き合いで、彼も私のそういう考え方を理解しているのだろうと思う。

そんな彼が、「二〇二三年をもってスケーターとしては引退する」という考えを伝えてきたときには驚いた。まだまだ滑りを見せてほしいという思いが強かったからだ。だが、練習から百パーセントを注ぎ込み、少しも妥協しない演技を観客に見せたい、それがかなわないのであれば氷に別れを告げたいというジョニーの潔さは、それまでの彼の哲学からすれば当然の帰結でもあると理解できた。寂しい気持ちもあるが、彼が引いたラインを尊重しつつ、もし考えを変えるつもりがあるならばいつでも場所を用意したいと考えている。

●エフゲニー・プルシェンコ

すぐに胸襟を開く間柄になったステファンやジョニーとは対照的に、エフゲニー・プルシェンコと信頼し合う関係を築くためにはある程度の時間がかかった。なんといっても、フィギュアスケーターの象徴といってもいいような、一時代を築いた大スターだ。オリンピックではソルトレイクシティで銀、トリノで金、バンクーバーで銀、ソチで団体金。選手生命が比較的短いフィギュアスケートにあって、四大会連続出場を成し遂げるだけでも大変なことだが、そのすべてでメダルを獲るという輝かしい実績を挙げてきた。

だがアイスショー主催者としては、数々のメダルと同じかそれ以上に、彼のエンターテイナーとしての存在感と、観客への愛に満ちたサービス精神が重要なファクターだ。なにしろ、こんなに長い年月、氷上に降り立つだけであれだけ客席を沸かせることができるスケーターはプルシェンコをおいてほかにいない。性格もチャーミングなところがあって、周りに人も集まってくる。何よりスケートが大好きだというまっすぐな気持ちが伝わってくるのだ。愛さずにいられないというのはあいう人のことだと思う。

初めてアイスショーに招いたのは二〇〇五年「ドリーム・オン・アイス」。若いころは圧倒的な実績と強烈な自負心に比例して、周りを気にしないような振る舞いを見せたこともある。だが、彼のフィギュアスケート愛は本物で、滑り続けたいという気持ちの強さが我々との信頼関係に結びついた。

彼と本当に親しくなったのは、二〇一四年の出来事がきっかけだったと思う。羽生結弦選手のオリンピック金メダルを祝して彼の地元仙台で開催された「トゥギャザー・オン・アイス」にプルシェンコも出演したのだが、その会期中にプルシェンコが私の近くにやってきて、「ミスター真壁のショーはまだこのあと何回もあるのに、自分が呼ばれているのはこの一回だけなのか」と言う。私は最初からプルシェンコの代理人アリ・ザカリアンと交渉していたのだが、その経緯を飛ばして「自分は全部のショーに出る」と言い出してしまったのだ。そうなると、プルシェンコの意向を容れたらアリの顔をつぶすことになるし、かといって契約を盾にプルシェンコを押しとどめることもできない。なかなか難しい舵取りを迫られる局面だったといえる。結局、急に「ファンタジー・オン・アイス」に出てもらうのは難しく、仙台の翌週に別府で開催された「フィギュアスケーティング・エキシビション・イン・別府」に出てもらうことになった。両方の顔を立てつつの解決だった。

不思議なもので、完全に信用されると、今度は至れり尽くせり、家族みたいな扱いになるのはロシア人の性質なのだろうか。以来、彼が日本に来るときは必ず一緒にゴルフに行くようになった。プルシェンコはレフティ（左利き）なので、日本のゴルフコースではクラブが借りられないこともある。そこでプルシェンコが自分で日本用のゴルフセットを購入して、私の会社の片隅に保管してある。彼もゴルフの帰りに温泉に行ったりして、日本を満喫している。アイスダンスのスコット・

モイアもレフティなのだが、スコットが来日の折にプレイするときはレンタルのクラブだ。

私がロシアを訪れた際には、プルシェンコの邸宅に招かれ、山盛りキャビアにシャンパンの饗応を受けた。豪華な内装やクローゼットに山ほど詰め込まれたブランド品を見せられ、目を白黒させたものだ。

プルシェンコを見ていると、若いころは体力にまかせて無茶をすることもあったけれど、最近は節制をして、意識して努力を重ねていることが見てとれる。ツアー中も規則正しい生活を心がけているし、お酒は乾杯のビール一杯だけ。ウォーミングアップではあまり氷上で滑ることなく、サッカーをして身体を温める。それが自分に合う方法なのだということをよく知っている。スケーターとして長く活躍したいという願いを、彼の姿から感じることができる。

●羽生結弦

羽生結弦選手は、二〇〇九年から主催のアイスショーに出演し、ここ数年は名実ともに新生「ファンタジー・オン・アイス」の中心的役割を担ってくれるようになった。彼はもともと、ものすごく勉強し、努力するスケーターだ。ショーに出演するときも、練習から公演の最後に至るまで、見ている側が感嘆するほど、ひたすら一生懸命だ。

彼がショーに出て、普通だったらアイスショーではとても披露されることがない四回転ジャンプを軽々と跳ぶことで、ほかのスケーターも背筋をピシッと伸ばすようなところがある。このショーはただごとではない、本気でかからなければ、という雰囲気を自然と作ってくれる。日程が長く、出演者も多いから、中だるみのような状態になってしまうことだって考えられるなか、羽生選手がいるとそんなことが起こらず、つねに快いテンションが保たれるのだ。ショーの主催者として、あらゆる意味において本当に助けられていると深く感謝している。

彼が初めてショー全体の大トリを務めたのは二〇一三年の「ファンタジー・オン・アイス」福岡公演でのこと。AIさんの「Ｓｔｏｒｙ」でのコラボレーションだ。二〇一二年の世界選手権で銅メダルを獲っていたが、初の全日本チャンピオンとして迎えた二〇一三年の世界選手権は、体調不良のためメダルを逃し四位だった。アイスショーの演技順は現役時代の実績が重視されるのが慣例で、名だたるメダリストが顔を揃える「ファンタジー・オン・アイス」ではあったが、羽生選手に大トリを飾ってもらいたいと決断した。早くからスターの器だと信じていたし、その期待をはっきりと目に見える形で表したいという思いもあり、二〇一四年のオリンピックの金メダルに先立って、ショーの最後を締めくくる役割を担ってもらったことになる。

その翌年、ソチ・オリンピックで金メダルを獲得してからは、まさに彼の力なくしては「ファンタジー・オン・アイス」のこれほどの発展はなかったといっていい。最高のパフォーマンスを見せてくれるはずだという絶大な信頼を寄せていると同時に、私も彼にふさわしい舞台を用意する責務があると強く思いながら、ここまでショーを開催してきた。

そのひとつが、ショーの期間を二つに分けて、前半と後半で違うアーティストを招聘することだ。同じスケーターと同じアーティストで各地を回るほうが、コラボレーションプログラムを滑るスケーターとしても、制作の面としても、はるかに楽なのは当然だが、前半と後半、二都市ずつで異なるアーティストをキャスティングし、それにともなって異なるコラボレーションを作ることによって、ショーの見ごたえは格段に上がる。スケーターの側にも、どんなアーティストと組むことになるのだろうという好奇心と緊張感が生まれるし、それがコラボレーションを刺激してよりよい舞台を作り上げることができるのだ。

羽生選手は、アーティストとのコラボレーションを楽しんで滑ってくれるスケーターの筆頭格。やはり彼には全体のなかでメインになる曲を滑ってほしいから、招聘する予定のアーティストの代表曲をオファーすることが多い。彼のほうから選り好みをするということはほとんどなかったが、二〇一八年のショーは少し違った。活動を再開したＣＨＥＭＩＳＴＲＹが出演することが決まると、羽生選手のほうから、「小さいころからずっと聴いていたから、『Ｗｉｎｇｓ　ｏｆ　Ｗｏｒｄｓ』を滑りたい」と、初めて本人のリクエストがあったのだ。聞けば、アニメ「機動戦士ガンダムＳＥＥＤ　ＤＥＳＴＩＮＹ」の主題歌だったのだという。もちろん喜んでその曲を選ぶことになった。

ショーでは二曲を新しく制作することが多いが、もう一曲は日本のポップスではなく、有名なピアノ曲にすれば、ショーが終わったあとに試合のエキシビションでも滑れるのではと提案したところ、これも彼のほうから「春よ、来い」にしたいと要望があった。音楽好きな羽生選手のことだから、音楽そのものにも思い入れがあって、曲ごとに表現したいことも異なるのだろうということが実感されたものだ。

羽生選手の音楽と相対する姿勢は特筆に値する。滑る楽曲が決まると、彼はその曲を数限りない回数聴きこんで、曲調のわずかな変化やニュアンスを完全に把握してから、ショーの開幕を迎える。単にメロディに乗って滑るのではなく、ほんの半拍ほどの、しかし強い印象を与える音を拾って、そこに印象的な振付をあてはめたりする。もちろん歌詞も完全に暗記してくるから、アーティストと一緒に歌いながら滑る姿を見た観客も多いだろう。

その音楽理解の深さはコラボレーションをするアーティストを感嘆させるほどで、アーティストと音楽談義に及んでいる姿を何度も見かけた。コラボレーションの振付を担当することもあるコリオグラファーの宮本賢二さんも心得たもので、用意してきた振付にこだわるということがまったくなく、羽生選手からの提案を柔軟に取り入れてその場で作り上げる。だから羽生選手らしい振付のプログラムが生まれる。羽生選手とアーティスト、羽生選手とコリオグラファーがそれぞれに真の意味でのコラボレーションを作り上げるという、私自身が理想とした形を体現してくれていると感じ入るばかりだ。

二〇一九年の「ファンタジー・オン・アイス」では、アーティストとしてＴｏｓｈｌさんをお招きし、「マスカレイド」「クリスタル・メモリーズ」でのコラボレーションとなった。気迫に満ちた演技には羽生選手の強い気持ちが表れていたと思う。

コラボレーションに限らず、羽生選手は「ファンタジー・オン・アイス」で新しいプログラムを発表したり、新しい種類のジャンプを跳んだりと、ニュース性のあることを披露してくれることも多い。そういう場として考えてくれていることも、ありがたいことだと思う。

羽生選手自身、スケートを始めたきっかけであるエフゲニー・プルシェンコ、その滑りに憧れたジョニー・ウィアーをはじめ、ステファン・ランビエルらプロに転じたスケーターと交流する場だと考えてくれているようだ。練習に対しては基本的にストイックな彼だが、こうした先輩スケーターに質問を投げかけて模範演技をしてもらっていたり、それにならって滑っていたりするのを見かけると、これほどのチャンピオンになっても向上心が途切れることはないのだと感心する。また、共演のスケーターたちとふざけて笑い合っている様子を見かけることもある。そうした交流の場を提供できていることも、主催者として喜ばしいことのひとつだ。

●ハビエル・フェルナンデス、カッペリーニ&ラノッテ

スペインに初めてオリンピック・メダル（二〇一八年平昌オリンピック銅）、世界選手権の金メダル（二〇一五年上海、二〇一六年ボストン）をもたらしたハビエル・フェルナンデス。彼を初めて「ファンタジー・オン・アイス」に招聘したのは、彼が初めて銅メダルを獲得した二〇一三年のカナダ・ロンドン世界選手権を見たあとのことだ。四回転ジャンプの技術の確かさや安定したスケーティングといった部分ももちろん目を引いたが、それ以上に、観客の気持ちを自分からつかみに行こうとするショーマンシップに魅力を感じた。当時はまだそこまで洗練されたものではなく、また粗さもあったのだが、それでも将来性を感じるスケーターだと思った。

「ファンタジー・オン・アイス」でも人気演目だった、黄色と赤の衣裳で滑るコミカルなプログラム「エアロビック・クラス」をはじめ、ハビエルの笑いのツボを押さえた演技はアイスショーのよいスパイスにも息抜きにもなった。競技プログラムにおいて、彼がだんだんと、音楽の深層にあるテーマをとらえた独創的なパフォーマンスを見せる存在に成長していったことにも驚きはなかった。どうすれば観客の心を揺り動かすことができるか、観客とつながることができるか、ということをつねに考えているという意味において、ハビエルは最初から並外れたスケーターだったと思う。また、人柄がとてもよく、いつも朗らかで、長丁場の日程のなか一同を和ませてくれる存在でもある。

オリンピックのメダルを花道にプロスケーターに転じ、二〇一九年の「ファンタジー・オン・ア

イス」では、同郷のアントニオ・ナハーロと並んでフラメンコを踊る場面から始まる情熱的なコラボレーションを披露。母国では彼自身が主催するアイスショー「レヴォリューション・オン・アイス」もスタートした（二〇一六年）。ハビエルといえば遅刻魔でグループナンバーの振付を覚えるのが遅く、いつも振付のジェフリー（・バトル）がつきっきりで教えていたのだが、やはり主演ともなると違ってくるものだ。観客を楽しませたいという意欲は人並みならぬものがあるだけに、アイディア満載の主演スケーターとしての今後にも、同業者として期待をかけている。

アイスダンスのアンナ・カッペリーニ&ルカ・ラノッテも、長く招きつづけているチームである。彼らは二〇一四年の世界選手権金メダリストでもうベテランの域に入るスケーターたちだが、いつも新鮮な驚きと魅力をもたらすという意味で、「ファンタジー・オン・アイス」に大きな貢献をしてくれている。ヒーロー映画のキャラクター（ワンダーウーマン&スパイダーマン）に扮したプログラムなど、このショーのために用意してくるプログラムはいつも発想がユニークだし、アーティストとのコラボレーションを任せても、短い時間のなかで見ごたえのあるプログラムを生み出す創造性に助けられている。

もともと、女性のカッペリーニが自ら衣装をデザインし、物語性のあるプログラムで定評のあるチームなのだが、母国イタリアで開催された二〇一八年ミラノ世界選手権を最後に現役からは離れており、二〇一九年のショーではわずかに危惧もあった。しかし、彼らはそんな危惧など、パフォーマンスそのものの力であざやかに跳ね返してしまった。外から見える肌をすべて灰色のドーランで塗り隠し、クラシカルなモノトーンの衣装と合わせて、無彩色のモノクロ映画の世界を氷上に描き出したのだ。照明や周囲は色があるのに、彼らだけが古いフィルムから抜け出してきたかのような、現実感のない優雅なパフォーマンスはとても魅力的で、観客からの拍手もひときわ大きかった。「見る人を驚かせたい、ため息をつかせたい」という私の発想の源をこれほど深いところで理解し、実現しようとしてくれるスケーターもそうはいないと、うれしくなってしまった。そんなふうに、自分の演技を完遂するだけではなくて、ショー全体のことを考えてくれるスケーターと仕事ができるのは本当にありがたいことだ。

第七章　危機の時代を越えて

●パンデミック下のエンターテインメント

二〇二〇年は、思いもよらぬ過酷な事業環境に見舞われた。新型コロナウイルスの世界的な流行拡大である。いま、まさにその渦中にあるパンデミックは、「人々がひとつの場所に集まり同じ夢を見る」という本質をもつエンターテインメントの世界に、重い一打を加えた。「ファンタジー・オン・アイス」ももちろん例外ではなかった。本書は流行前にほとんどの刊行準備がなされていたが、状況を鑑み、この間の出来事を加筆して、アイスショーおよびスポーツの世界への影響について触れたいと思う。

日本国内での感染拡大が不可避な情勢となった二月から三月は、ちょうどツアー前半のチケット発売と時期を一にしていた。五会場で公演を行う「ファンタジー・オン・アイス」は、前半と後半で時期を分けてチケットを発売する。その時点で、すでに初週の幕張公演は先行販売分が完売となっていたが、後半のチケット発売開始を延期しつつ、大規模公演の可否を探ることにした。二月二十六日の政府による文化イベントの自粛要請に応じて、多くのコンサートや公演、イベント主催者が即時に公演中止や延期に動いていく。毎日のように情勢が変化し、決断を迫られる日々だった。最後の転換点となったのが、東京オリンピックの延期が発表された三月二十四日だ。「これは、覚悟を決めなくてはならない」と思った。

具体的な数字は公にできないが、「ファンタジー・オン・アイス」の総事業費は億の位を優に越える。公演中止となれば損害ははかり知れない。その時点では、初夏になるころには事態が収束するという楽観的な観測もあり、判断に迷うところだった。しかし、中止を決定するのならば、潔く静岡まで全公演のキャンセルを一度に発表しようと考えた。そこで、すべての公演の共同主催者と連絡をとり、中止へと動いた。

すでに発売になっている公演を主催者判断でキャンセルするとなると、チケットはすべて払い戻しである。チケットの販売手数料と払い戻し手数料で、ここだけでも大きなマイナスが出る。会場費、運営費、すべてを積み重ねると、自粛要請から現在までにエンターテインメント業界が背負った損失は、相当額に上るだろう。幸いなことに、CICには長年の事業を通じて培ってきた人的・資金的な備えがあった。また、当初は不透明だった国からの支援も受けることができた。

ここは我慢のしどころだと思っている。同時に、「何ができるのだろうか」と考える。逆境にあってもただ座しているわけにはいかないし、人々を楽しませ、ひとときの希望を見せるというエンターテインメントの本義に戻るならば、いまこそそれが必要だと感じたからでもある。それが結びついたのが、「ドリーム・オン・アイス」である。

●「ドリーム・オン・アイス」無観客開催

もともと、「ドリーム・オン・アイス」の原点にあるのは、日本の選手たちが欧米のアイスショーのような環境で自分の演技を観客の前で披露し、その後の強化に活かすという目的だった。当初はヤグディン、アニシナ&ペイゼラら海外スケーターを中心に据えて開催したが、毎年初夏の恒例エキシビションへと成長。七月に予定していた二〇二〇年の同公演は、ほかのイベントと同じく開催を見合わせなくてはならない状況になってしまったが、そのことに忸怩たる思いがあった。スケーターのための機会を創出するという趣旨で守り続けてきた場をなくしてしまうのは、最後の砦を明け渡すような無力感があったのだ。形を変えてでも、なんとか「ドリーム・オン・アイス」を残すことができないか。開催を取りやめる発表をするときに、「中止」ではなく「延期」という形にさせていただいたのもその考えによるものだった。時期をずらした開催に向けてスケーターの状況を把握し、知恵を絞るなかで、次第に無観客での開催というアイディアに固まっていった。

フィギュアスケートのシーズンインとともに、八月初頭ごろになって、九月半ばという日程を決めることができた。シーズン序盤のジュニアグランプリシリーズの中止が発表になり、日程的にほかのイベントが入らないことを確認しての決定だった。緊急事態宣言以来、現役選手が出場するフィギュアスケートのイベントとしては初の機会となる。感染対策としてはかなり高い警戒水準を念頭において、入場するスタッフやシャペロン、記者の人数を絞り、事前のPCR検査や、選手との接触をぎりぎりまで低減するなどの厳重な対策をとって開催に臨んだ。「ドリーム・オン・アイス2020　Go　For　Tomorrow」と題しての開催である。選手たち、関係者の方々の協力をいただいて無事に開催に至ることができ、「ドリーム・オン・アイス」を十七回も途切れさせずに続けることができたことは感無量だった。

無観客での開催だったが、公演をライブ配信するという新しい試みにも挑むことができた。フィギュアスケートの映像化で最も問題になるのは高額な音楽著作権料なのだが、配信でもそれは大きなハードルになった。折衝を重ね、アーカイブ化はできなかったものの、二日間の配信で多くの方々にご覧いただけて胸をなでおろした。配信は今後しばらくのあいだ、収益のひとつに育てていかなければならない媒体であり、その一歩を踏み出すことができたといえる。

無観客開催でチケット収入は存在しないので、イベントとしてはCICの持ち出しである。だが意義があるからこそ、損得勘定だけ、短期的視点だけで事にあたってはいけないのだと考える。むろん採算度外視のイベントは存立できないのだが、それだけで割り切ってはいけないのが今回のイベントだった。何よりも選手のために、シーズンの最初に機会を作ることができてうれしく思っている。

実施できただけでも幸いだったのだが、それだけで済ませたくないという気持ちが湧いてくるのもまた事業者としての本能だ。この機会にいかに緊張感をもって滑ってもらうか、競技力の向上に活かしてもらうのか。思いついたのが、大会形式での開催だ。選手たちは練習の機会を奪われ、夏から始まる試合も中止が相次いで、滑る機会そのものが大きく減じていた。そのなかで、今回のイベントは、無観客である以上リンクのなかに座席を作る必要がなく、フルリンクで滑ることになる。ならば試合と同じような環境を作れば、選手にとってはいい機会になるのではないか。選手には「新シーズンのショートプログラムとフリーを二日間に分けて滑ってほしい」と伝えていたのだが、その演出の方向性はこうして決まっていった。

そうなると、天井に照明・音響を吊るためのトラス（骨組み）を設営するアイスショーとしての照明は不必要になる。しかし、もしトラスを設営しないとなると、費用を節約したという印象を持たれてしまっただろう。それは私には許せなかった。そこで、オープニングとフィナーレにしか使わないトラスを設置し、大会と同じ青いカーテンを用いて会場全体を設営した。準備段階で、大会形式でやるならば、せっかくなら六分間練習をやろう、滑走順を決めよう、キス＆クライを設営しよう、とアイディアが次々上がってきた。

テレビ放送やライブ配信でご覧になった方々のなかには、エキシビションのカラフルな照明を浴びてスケーターたちがオープニングを滑ったあと、会場が大会さながらの明るい照明と雰囲気に一変したことで驚いた方もおられるのではないだろうか。試合と同じアナウンスで紹介された選手たちの表情からは、きりりとした緊張感を見てとることができた。ありがたいことに、選手たちからも「貴重な機会をもらった」と好評だったし、コーチの方々からも感謝の言葉をいただいた。

この状況下でも、スタッフともども「視聴者を驚かせたい」という気概を見せることができたのはうれしいことだった。また、皮切りとなるイベントで新しいスタンダードを設定し、今後への一定の指針を示すこともできたのではないかと思っている。スタッフ側も、久しぶりに仕事ができるという喜びを感じてくれたようだった。

いまだ手探りのシーズン初期に開催することにはリスクも伴ったし、収支という観点からは赤字のイベントなのだが、違う意味では成功だったと言い切ることができる。形はないけれども大きなものを受け取ることができた。自分たちが独自コンテンツをもつことを追求してきたことは本書でもたびたび述べてきたが、今回も、改めて自社でコンテンツをもつことが大事だとつくづく思い知った。危機に至って、平時に長期的視点に立った経営をしてくることができたことを改めて深く感じている。毎年のように自問自答し、試行錯誤しながら、信念をもって進んできたことが、いまここに至って実を結んでくれたという思いである。

　とはいえ、世界中の人々と同じように、私も先が見通せているわけではない。二〇二一年に「ファンタジー・オン・アイス」が開催できるかどうかも現時点では未知数だ。今後どうなっていくのか、状況を注視しながら、会社としての我慢もしつつ、できることを展開していきたいと考えている。エンターテインメントの力、コンテンツの力を信じることを基盤に、状況に応じた新しい方法を編み出して、観客のみなさまに少しでも喜びを届けることができるようなコンテンツを提供していきたい。

　観客のみなさまには、フィギュアスケートがもつ可能性と力を、今後も応援していただけたらという思いでいっぱいである。危機の時代を乗り越えたその先を、エンターテインメントがもたらす希望の光が照らせることを信じて――。

対談

羽生結弦 × 真壁喜久夫

フィギュアスケートの力を信じて

「ファンタジー・オン・アイス」との十年

羽生 ぼくが「ファンタジー・オン・アイス」に出させていただくようになってから、もう十年ぐらいでしょうか？

真壁 「ファンタジー」に最初に出てもらったのが新生「ファンタジー・オン・アイス」スタートの二〇一〇年。世界ジュニア選手権で優勝したあとですよね。

羽生 懐かしいですね。そうだ、ちょうどジュニアから上がったくらいからだ。シニアになるシーズンですね。「ドリーム」まで含めて考えると本当に、何年のお付き合いですか？

真壁 おそらく十二年ぐらいの付き合いになるかな。

羽生　「ドリーム・オン・アイス」には全日本ジュニア選手権の優勝者として出てるんですよね。「ホワイト・レジェンド」（二〇一〇／二〇一一SP）の前に。「メダリスト・オン・アイス」には全日本ノービスAの優勝者として出たから。ノービス最後だと中学生だから……十三歳だ。そう考えると、本当に、〝ありがとうございます〟っていう言葉しか出てこないですね。

真壁　こちらこそ、ありがとうございますと何度でも言いたいです。（笑）初めて出てもらったころのことは覚えている？

羽生　もちろん。自分はずっと小さいころからアイスショーに出たいと思っていたんですよ。そういうキラキラした世界でどれだけお客さんに楽しんでいただけるか、と思っていたし、お客さんに楽しんで見ていただいているなかで自分も滑りたい、という気持ちがすごく強かったので。だから初めてアイスショーに出させていただいたときに、「こんなに気持ちいいんだ」「こんなに楽しいんだ」と強く思った思い出がありますね。たぶん「Ｓｉｎｇ　Ｓｉｎｇ　Ｓｉｎｇ」だったと思うんですけど。

真壁　まず第一に、結弦くんが楽しんで滑っているというのは、まだジュニアのころから歴然と見てとれた。いまでも、そういう気持ちは原点から変わってない？

羽生　いや、変わりましたよ。やっぱりいろいろ、演目も変わってきましたし。「ドリーム・オン・アイス」に関してはとくに、試合のプログラムを結構やってきたので、そういうときは「なんか試合の気持ちだな」みたいな感じで、緊張感をもってやっていました。ただ、楽しんでいる気持ちは変えたくないなと思っていますね。

真壁　普通アイスショーではとても見られないような四回転ジャンプだとか、ハイレベルなことをやってみせてくれる。それはやはり盛り上がりますよね。本人としては、そういうハイレベルなことをやるときに、アイスショーで滑るときも試合と同じ心構えなのか、それともちょっと違うのか、どうなんでしょう。

羽生　アイスショーって六分間練習がないので、一発でパンと跳ばなきゃいけないんですよ。それがやっぱり難しいんですよね。だから、そういったなかでのプレッシャーのかけ方、またはアップの仕方とか、そういったところでとくに学んでいったということはあります。もちろん演目に関わらず、すごくいろいろ学ぶことが多かったですね。あとはやっぱり、ぼく、アーティストの方々のサウンドチェックとか、リハーサルとか、すごく会場で見ているんですね。本物のアーティストの方々の呼吸の使い方とか、音楽への思いとか、そういったものを感じながら滑ることによって、自分が試合に行ったときに、「じゃあ、このプログラムはどういうふうな音楽を感じなきゃいけないのかな？」とか、そういったものを改めて感じるきっかけになっています。

真壁　それはうれしいですね。アーティストを招いてスケーターと共演してもらうというアイディアは、昔から構想はしていたわけですよ。だけど実際にそれをかたちにするっていうのは、やっぱり時間もかかった。二〇〇八年に「チャンピオンズ・オン・アイス」を新横浜でやったのがきっかけになっています。ヴァイオリニストの川井郁子さんと一緒にやってね。

羽生　川井郁子さんが出ていたんですね。

真壁　当時は結弦くんはまだ出てなかったけれど。ヴォーカリストと一緒にやりたいと思っていたので、二〇一〇年に結弦くんの出演とその実現がうまく噛み合ったという感じがします。それから十年だからね。二〇一〇年に始まって、今年が二〇一九年。ちょうど十回目。

羽生　すごいですね〜。

真壁　やっぱり、一足飛びにはここまで来られなかったはずです。いま、ちょうど、今年のツアー日程を見て、「ファンタジー・オン・アイス」の公演回数を数えてたんです。そうすると、前回まででで三十ヵ所でやって、今年は四ヵ所ですから、これで三十四ヵ所。やっぱり場数を踏むことで、どんどん自分なりに今度こうしようというアイディアが出てきますから。なんでも一つひとつ場数を踏んだことによっていまがあると、私は思います。

羽生　そうですね。だから、ツアーじゃなかったらわからないことって、けっこうありますね。一度きりじゃないんですよ。もちろん見ている方々はそれぞれ一度きりの方もいらっしゃるんですけど、演じているこちらはひとつずつ学んでいくんですよね。たとえば、「このショーはこういうふうに音楽を感じられたから、じゃあもっとこういうふうにしていこう」とか、「もっとこういうジャンプを増やしていこう」とか、いろいろ感じながら、継続的にやっていくんですよね。

真壁　競技のプログラムももちろん一シーズン中に試合で何度も滑るわけだけれども、アイスショーの継続性とは違うというのはよくわかります。週末に三回程度の公演があって、それが毎週、一ヵ月間続くというヴォリュームはアイスショーでしか体験できない。かつ、とくにコラボレーションは音楽がライブだから、厳密にいえば毎回がまったく違うパフォーマンスでもあるわけでしょう。

羽生　それって大きいなと思っていて。試合ももちろん大事で、試合の場所で一発でバンと力を出すっていうのはすごく大事なんですけど、アイスショーではその力を出しきった状況にずっと置かれることによって、何かそこで学ばなきゃいけないことがあるんですよね。力の出し具合とか、体調のコントロールの仕方とか、音楽との駆け引きみたいなものとか、あとはお客さんとの駆け引きみたいなものとか。そういうのってやっぱり試合一度きりじゃわからない。何回もずっと継続してやるからわかる。「あ、今回こうだったな」とか、「前回はこうだったからこうしよう」とか、そういうフィードバックがすごく大きいなと思うんです。

真壁　初回公演と千秋楽では違うパフォーマンスになっていたりする。しかも一回ごとにそれぞれのよさ、それぞれの違いが出てきますね。

羽生　よりいい演目ができているんじゃないかなとは思うんですよね。一度きりじゃないし、それはぼくたちだけじゃなくて、アーティストの方々、もちろん群舞に対しても、やっぱりみんながそれぞれ思うことがあるので。そういう場ってないですよね、アイスショー以外では。

忘れられないコラボレーション

真壁　これまでたくさんコラボレーションをやってくれたけれども、自分のなかで印象的なのはどれですか。

羽生　「花になれ」ですかね。

真壁　おお、やっぱり。

羽生　（笑）

真壁　いちばん最初だったからかな。

羽生　そうなんですよ。初めてのコラボレーションだったし、いまだに指田郁也さんとは交友があって、本当に仲良くさせていただいています。

真壁　じつは私も同じで、「花になれ」なんです。まさに最初のコラボレーションだった「花になれ」が心に残っている。最初ということもさることながら、偶然出会って聴いた曲みたいなところがあってね。曲を聴いてみたら、その歌詞がまたすごくいいわけですよ。震災直後だった当時の結弦くんの心情に近いように感じて、「負けるなよ」とか、「立ち上がれ」といったメッセージが、ストレートに響いてきた。

羽生　そうですか。

真壁　そういう詞が、すごく結弦くんに合っているような気がして、すぐ「どうかな？」と提案した。当時は指田さんもこの曲もまだ有名ではなかった。

羽生　あれは福井公演でしたよね。

真壁　そうそう、福井です。

羽生　指田さんは、ぼくのコラボレーションの前に、二部の始まりに一曲歌ってくださったのと、そのあとにぼくのコラボレーションの「花になれ」を歌っただけなんですよね。そのときの公演って。

真壁　ピンポイントでの出演だった。

羽生　そうなんですよ。だから運命的な感じはしますよね。

真壁　結弦くんはその後も「花になれ」を長く滑り続けてくれて。コラボレーションは招聘するアーティストの代表曲から選ぶのが常で、こちらからスケーターに「この曲で」とお願いして受けてもらうケースが大半なんだけど、最近では結弦くんから「そのアーティストさんならこの曲でやりたい」と提案してもらった曲でコラボレーションにすることも増えてきた。そのほうがいいパフォーマンスになる気がしますね。

羽生　最近はとくに、ですけどね。オリンピックで優勝させていただいて、それから、こういうプログラムがいいなとか、こういうふうに演じられたらいいなということを、アーティストの方々のリハーサルを見て思ったたし、自分自身もやっぱり演じるにあたって最高のものを提供したいわけですよね。それが自分に合うか合わないかって、自分も聴いてみないとわからないし、自分がアーティストと呼吸を合わせられるかというのも、すごく考えなきゃいけないので、だから最近は曲選びをすごく慎重にやらせていただいています。

真壁　毎回満足のいくプログラムになっている？

羽生　ぼく自身についてはそうは言いきれないんですけどね。やっぱり毎回、毎回、そうやって満足してもらえるものを見せたいなという気持ちもすごくあるんですけど、ジャンプをミスしてしまってへこんで帰ったりとか（苦笑）、そういうこともあって、なかなか全部出しきれていないないというところは、なきにしもあらずなんですけど。でもそれはそれで、やっぱり場数が多いからこそ、そういった演技もまた演技かなと思いながら。

真壁　でも、結弦くんの演技は、たとえジャンプで失敗をしてもそれをパフォーマンスの一部にしてしまう。失敗をしたことそのものに新たに物語が生まれるというところがあるでしょう。それは試合では見られない表現の方法なんじゃないかなと思うことがある。

羽生　とくに二〇一九年の二つの演目に関しては、「マスカレイド」ではアクセルを跳んでミスをしたりしていますけど、それはそれで何か苦しさがあふれていていいなと思うこともあって。苦しみのなかでもがいている感じとかが、技術的な失敗を通して逆に表現できるんじゃないかと思うんですよね。ジャンプが決まるに越したことはないんですけど、それはそれで楽しんでいただけるのかなとは思ってはいます。やっぱり、アイスショーという場所で学ばせていただいているところがかなりありますね。

真壁　普通は、ジャンプで転倒したりすると、流れが止まってしまうことが多いんだけれど、その転倒も振付に変えてしまう応用力を感じます。エンターテイナーの気質があるうえに、本番に強い。結弦くん自身、「Ｃｏｎｔｉｎｕｅｓ～ｗｉｔｈ Ｗｉｎｇｓ～」のプロデュースもしたし、プロデューサー的視点がある。

羽生　いやいや（笑）。「Ｃｏｎｔｉｎｕｅｓ」は、本当にすごく構想を練って、いろいろ考えさせていただいたんですけど、ぼくにとってのご褒美みたいなところがあったんですよね。ぼく自身が見たいようにやってみる、みたいな。こういう流れでこういったらおもしろいよな、というのはちょっとあって、最終的に、それが〝羽生結弦につながっている〟というのが見えたら、もっと楽しんで見られるよなというのを感じながら練らせていただいた。「Ｃｏｎｔｉｎｕｅｓ」はちょっと特別感がありました。

でも、ファンタジーはもっと、一人ひとりの個性がすごく立ってるんですよね。たとえばアクロバットも含めて、そうやって構成を練っていくにあたって――いや、難しいなと思うんですよね。個性があまりにも強すぎて。(笑) それをバランスよく配置して、かつお客さんが息の詰まることのないように配置するというのはすごいなと、やっぱりいつも思います。なんて言うのかな。重いプログラムばっかりだと詰まるんですよね、見ていて。たしかに演者にとっては気持ちのこもった曲――たとえばステファンだったらピアノの曲とか、ぼくだったら、たとえば「マスカレイド」とか、そういうプログラムばっかりやっているとなんか悲しくなってくるんですよ。なんか、「――ッンン!」ってなってくる。(笑) でもそれだけじゃなくて、ちゃんと流れがあって、ストーリーはぶつぶつ途切れるかもしれないんですけど、その流れのなかでちゃんと息抜きができる。そういう一つひとつの流れをきれいに見せるのは、やっぱりファンタジーの難しさであり、そこのバランスを考えている真壁さんの手腕かなと思います。

真壁 うれしいな。多彩な個性をいかに配置するか、いかに観客の心を離さない構成にするかはいつも考え続けています。結弦くんがトリを務めているのはいつからだったっけね。

羽生 ソチ・オリンピックのあと、じゃないですかね。

真壁 ああ、二〇一三年のソチ前のショーもトリだった。AIさんとやった「Ｓｔｏｒｙ」。

羽生 「Ｓｔｏｒｙ」は、トリだったかもしれないですね。あのころはまだ二プログラムやってましたね。

真壁　そうですね。

羽生　二プロ、もうもたないです。（笑）

真壁　「Ｓｔｏｒｙ」は大ヒット曲だった。その翌年は郷ひろみさんなわけですよ。

羽生　「言えないよ」。

真壁　これも、これしかないっていう感じだったからね。

羽生　そうですね。そういうヒット曲、代表曲というものを自分にあててもらえるのは、すごくありがたいことですし、やっぱりトリとして代表曲をやるというプレッシャーももちろんめちゃくちゃあった。さっきも言ったように、出演者が豪華な方々だからこそ、自分が締めなきゃいけないという緊張感もものすごくあるんですよ。だから、そのなかである種、戦わせていただいている。そのなかで自分もショーのトリとしていい演技をしなきゃという使命感みたいなものを感じながら、毎回滑っています。

真壁　コラボレーションのときは一段と気迫のある表情で出てくるから、ショーのフィナーレだというインパクトを与えてくれるんだけれど、そこには緊張もあるんですね。

羽生　緊張しますよ！　すっごい緊張しますよ、トリを滑るのは。でも、やっぱり、アイスショーなので、見て楽しんでいただきたい、もしくは何かを感じとっていただきたいというのはあるんで

すけどね……はぁ〜、難しいんですよ……。（笑）

真壁　ありがたい限りです。

羽生　六分間練習がほしいです。（笑）

真壁　フィナーレを滑り終えたあと、何人かが競争するみたいに自分の特技を見せる場面も、年々期待が高まっていて。またそれに応えちゃうものだから。

羽生　ねえ。あれはファンタジーだからかなと思うんですよね。そもそもジェフ（「ファンタジー・オン・アイス」で振付を共同担当するジェフリー・バトル）が振付をしたときに、「何か全員でトリックやろうぜ！」みたいな感じで始まったんですよ。もともとはなかったんです。おまけとして、みんながいったん引っ込んで、また最後に出てきてワーっとすごいことをやって舞台裏に帰って、みたいな感じでやってたんですけど、なんかもう、「ファンタジーのフィナーレはトリック込みだよね」みたいな感じになっちゃっていて。（笑）ぼくらもね、そこでどれだけ度胸を持ってやれるかというのも学ばせていただいているので、それはそれで楽しいです。やっぱり若い選手にとってもいいですよね、そういうところはね。

真壁　出演するスケーターたちは、主催側が何か言わなくても、バックステージの雰囲気をよくしてくれているし、お互いにアイディアを出し合いながらやってくれる。私は練習やリハーサルから極力見るようにしているけれど、そういう場での仲のよさだとか、教え合いの雰囲気は、本番以上のものがあるから。

羽生 ファンタジーは家族です、もはや。

真壁 同感です。

羽生 やっぱりだいたい面子が決まっていて。いってみればレギュラーみたいなスケーターが決まっているので、すごく長く一緒にさせていただいています。ぼくが英語しゃべれないころからずっと一緒にいさせていただいていますけど、やっぱり、なんか、思いが違う！ すごく「ファンタジー・オン・アイスだな」と思える瞬間がたくさんあります。このあいだも、プルシェンコさんにトウステップを教えてもらったりして。（笑）自分でもやりたいなと思っていたところなので。ただ、試合には入れられないんですよ。演技時間がもったいなくて。だからああいうところもね、「ああ、なんかファンタジーならではだな」と思います。楽しいですよ、本当に。

真壁 本当にそうですよ。結弦くんにはバックステージも率先して盛り上げてもらっている。

羽生 やっぱり素晴らしいスケーターが多すぎて。

真壁 まさにアンナ・カッペリーニ＆ルカ・ラノッテとかもそうだね。二〇一九年は、顔や手足を灰色に塗りつぶして、モノクロ映画を氷上で再現した演技に本当に驚いたし、観客が楽しんでいるのも伝わってきた。彼らはファンタジーのために考え抜いてああいう表現を見せに来てくれているわけで、アイスショーのコンセプトを理解してその一部になろうとしてくれている。そういう姿勢には制作者として感銘を受けますよね。

羽生　そうですね。

真壁　今回は、前半の幕張、仙台公演だけの出演の予定だったんだけど、ツアーが始まったあとに会場で、また後半の公演にも来てくれと呼んじゃったんです。呼んでよかった。

羽生　大変でしたよ、アンナとルカ。「一回イタリアに帰って、また日本に戻ってくれ」なんて言われて。（笑）

真壁　いや、だから、ちょっとダメ元で話してみたんです。（笑）神戸は無理でも富山だけでも来たいと言ってくれたので。とんぼ返りで富山公演に戻ってきてくれた。

羽生　即決ですね。

真壁　いやいや、あまりにも二人の演技がよすぎたから。彼らは世界チャンピオンではあったけど、それから年数が経ったということはあるので、A、Bツアーのうちの半分に来てもらおうという感じだったわけですよ。

羽生　アイスダンスという意味では、仙台からはオリンピック・チャンピオン（ヴァーチュー＆モイア）がいらっしゃいましたしね。

真壁　そうなんです。それもあって半分の日程にしちゃったんだけど、プログラムを見た瞬間に、「これはいかん」と。全部呼んでおけばよかったと思って。

スケート、音楽、観客が出会って感動が生まれる

真壁　結弦くんほど多くを見てきたスケーターはいないと思うけれど、フィギュアスケートの力というのを、いまどんなふうに感じていますか？

羽生　なんか、言葉じゃないんですよね、ぼくたちって。すごく身体で表現したりとか、音があったりとか――もちろん「ファンタジー・オン・アイス」はアーティストさんが歌う歌詞があったりとかもするんですけど、そういう何か抽象的なものは、感じ方次第だと思うんですよ。だから、お客さんがどういうふうに感じてくださるかというのは、ぼくたちは投げかけてはいるけど、それを強制することはないんですよね。それはある種、芸術作品も全部一緒で、たとえば絵画をとっても、「自分はこういうふうに描きました。じゃあこれを全部受けとってください」とダンと出すんじゃなくて、たとえばきれいな絵だったとしても、すごく悲しく感じたりとか、たとえばすごく力強い絵だったとしても、それは力強いだけじゃなくて、パワーだけじゃなくて、そのなかに切なさとかがあったりするじゃないですか。そういうものを感じていただけるのが、やっぱりアイスショーだと思うんですよ。

競技というのは、ジャンプがあったり、その強さみたいなものをみんなで競い合うんですけど、

それだけじゃなくて、ジャンプとか、スピン、ステップ、全部含めたうえで〝フィギュアスケート〟という形が作品となって出ていく。それがアイスショーならではだし、やっぱり目線が近い。客席との距離がすごく近いなかで、ぼくたちが滑っている雰囲気を味わってもらえる。そのうえで、お客さん自身が持っている過去とか背景を照らし合わせて見てくださるので、そこに感動が生まれたりとか、何かのきっかけが生まれたり、気持ちが生まれたりすると思うんですよね。それがフィギュアスケートの素晴らしさだと思うし、フィギュアスケートじゃないと出てこない魅力なのかなと思います。

真壁　すごく的確に整理してくれたけれど、まさにそこが私の原点でもあるんですよ。初めてアイスショーを見たときに、「競技でありながら芸術でもある、不思議なスポーツだな」と思った。まだフィギュアスケートをたくさん見たわけではないころの、ある意味素朴な感想なんだけれど、だからこそショーとしての芸術性を高めることを原動力に、もっと違うもの、面白いものを作り出したいという思いで進んでこられたんだと思う。そのアイスショーで結弦くんがトリを滑るというのは、まさに必然だという気がしますね。

羽生　スポーツだけど芸術性がある、表現というものがあるのが、やっぱり特殊ですよね。もちろん競技なのにショーがあるっていうのも、まず不思議ですけどね。そもそもが。

真壁　ほかのスポーツではないものだからね。それもあって、本来はシーズンオフである夏のあいだも話題に事欠かない。

羽生　オフはトレーニングしたいという気持ちもあるんですけどね、本当は。（笑）だけど、やっぱりそれがあるからこそ、ぼくたちはこうやって注目していただけるんだと思うし、それがあるからこそみなさんが見ていて、ショーとしても楽しんでもらえるんだと思うんですよね。だから、ぼくたちはそれを追求していく。もちろん芸術性に特化するのもいいんだけど、ぼくは現役としてジャンプも見せたいし、ジャンプがあるからより芸術性があると思ってもらえると思うし、ひとつとして無駄なものはなくて、技術力も芸術性もあったうえでの〝フィギュアスケート〟というものを見ていただけたらうれしいなと、アイスショーでは思っています。

真壁　いまの現役競技者たちの競技力と、アンナ&ルカのようなプロスケーターたちの魅せる力、いずれにしても全部をエネルギーと総称してしまうけれど、結局その力が間違いなくコラボレーションに登場するアーティストにも伝わっているんですよ。アーティストにも「これは半端なことはできないな」と絶対に思わせている。そういういい形でエネルギーの上向きの還流が起きるようにしていくのが、私の仕事です。いや、間違いなくそうなんですよ。たとえサウンドチェックやリハーサルでは全力は出さずに流していても、目の前の一流のスケーターの滑りを見ると、それは違う、本気でやらなければばっていうことが一回やればわかるわけですよ。

羽生　アーティストの方々は、ある意味本業じゃないんですよね、ここは。

真壁　そう。

羽生　自分のライブじゃないし。ピアノの清塚信也さんも言ってたんですけど「ぼくが見てもらえるわけじゃない」と。

真壁　そうそう。そう考えるのもいたって自然なことです。

羽生　やっぱりアイスショーということで、位置的にはぼくらスケーターがメインなので。それでも、ぼくなんかはとくに、すごくコミュニケーションをとって、こうやってああしたいというのをすごくやりとりしているので、最終的には満足して帰ってくださるんですよね。それがありがたいです。

真壁　不思議なものなんですよ。結局、スケーター側のエネルギーがぶつかって、アーティスト側も「おっと、ちゃんとやらなきゃ」となる。そうすると、知らず知らずのうちに、「こんな素晴らしいスケーターとご一緒させていただけて本当にうれしいです」というコメントをしてくれたりする。「よし！」と思うわけですよ、私は。（笑）

羽生　そうですよね。もちろんぼくらが使うエネルギーの多さとアーティストの方々が歌やピアノに使うエネルギーの多さはまったく違うと思っているんですよ。ぼくらは演目一つやるだけで息がすごく切れるし、それをツアーとして続けてずっとやるのは大変なんです。でも、アーティストの方々は、歌をうたう、音を作ることに関して、そこまでゼエゼエ言うわけではないじゃないですか。

だけど、やっぱりそこにはちゃんと魂がこもっていて、そこに全力を注いでくださる方々がいらっしゃるので、ぼくらはぼくらで仕事をまっとうしなきゃいけないんですよ。力を振り絞って、その演目に。ゼエゼエ言いながらでも。（笑）だから、そこに敬意みたいなものはありますよね。アーティストの方々が本当に一生懸命やってくださるからこそ、ぼくたちは絶対に手を抜くことができない。

真壁　必然的にそうなる。お互いによりよい方向へと気持ちがまとまっていくわけですね。これが毎回必ず起きる。

羽生　絶対に満足していただけるようなものを、ぼくらもやらなくてはいけないという使命感はものすごくあります。コラボレーションのときは。

真壁　それによって、まったくいままでにない別空間が生まれる——と、思ってるんですよ。エネルギーとエネルギーのぶつかり合いが、まったく違う別空間を生んで、それは当然のことながら観客に伝わるわけですよ。

羽生　プレッシャーがやばいですよ、プレッシャーが。（笑）本当に大変です。

真壁　だからこその予想を大きく超えるパフォーマンスなんですよね。スケーターにもアーティストにも、完全燃焼をお願いしているのは大変だろうと思うけれども。でも、いままで出演したアーティストは、みんなそういう方々だった。本物は本物を知る、ということなんだろうと思いましたよ。

羽生　そういう責任感がある方を選んでいるんだろうなと思います。コラボの演目を滑っていただけるスケーターを、真壁さんが選んでいるときに、やっぱりちゃんと適材適所というか、そういうところに置いているというのがすごいなと思いますね。ぼくは、それに選ばれて恐縮なんですけど……。

真壁　いやいや。（笑）

羽生　もうなんとかするしかないなと思いながら、毎回やっています。（笑）いつも思うのは、曲とか、歌とかって、言ってみれば、もうその人の作品なわけで、ぼくたちがそこに足を踏み入れてしまうと、壊してしまう可能性だってあるわけなんですよね。たとえば、ぼくらがちっちゃいころから聴いている曲とか、カバー曲とかももちろんあるんですけど、そういった曲に自分たちスケーターが足を踏み入れてしまうことによって、いままで聴いていたイメージがある意味では壊れてしまうんですよ。「あ、スケートの曲だ」となってしまうのは嫌なんです。だって、アーティストの方々はそれが完璧だと思ってやってるわけだから、そこにスケーターが足を踏み入れていいのかなという怖さみたいなものはあるんですよね。それをしたときに、アーティストの方に「これはやっぱりいいよね」と思ってもらえるようなものを作らなきゃいけない。だから、そう簡単に崩せない。

真壁　音楽を愛する結弦くんならではの怖れみたいなものだね。

羽生　怖いですよ、やっぱり。

真壁　プロデューサーとしては、その真摯さに感謝しかありません。

羽生　そこまで考えている選手、スケーターがどこまでいるかはわからないけど、ぼくはとくに音楽についてはすごく気にして滑っています。だからもちろん、試合で使わせていただく演目もあるんですけど、そういう演目もやっぱり歴史をいろいろ考えながら、背景をいろいろ考えながら滑らないとなというのは、ファンタジーを通していままで培って、学ばせていただいたところだなと思います。

真壁　あとは、これも聴いてみたかったんだけど、結弦くんにとって「ファンタジー・オン・アイス」はひと言で言うとどんな存在ですか。

羽生　なんですかね……。ひと言?

真壁　難しいよな。

羽生　「合宿」?（笑）

真壁　（笑）

羽生　いいのかな、合宿とか言っちゃって。（笑）でも、本当に素晴らしい選手の方々とこうやってコミュニケーションがとれて、最終的にコミュニティを開けて——そういう場というのは、やっぱりツアーじゃないとできない。もちろん振付をしてくださる方々とか、ぼくがスケーターとして交流する方はたくさんいらっしゃって、毎年作ってもらうにあたって話し合いができるということもあるんですけど、だけどやっぱり一緒に滑っている選手、スケーターだからこそ、ずっとお話しできてコミュニティができるんですよね。それはやっぱりツアーである「ファンタジー・オン・アイス」じゃないとできないことだし、それをできるからこそいろいろ学べる。いろいろ経験できる。だから、そういう意味では、なんかみんなで寮に入って合宿しているみたいな感じかな。

真壁　もう本当にファミリーだよね。

羽生　ファミリーです。すみません、ぼくばっかりしゃべっていて。(笑)

真壁　いやいや！「ファンタジー愛」をたくさん聞かせてもらって、私もプロデューサー冥利に尽きる思いでした。これからもその意気で、よろしくお願いします。

（二〇一九年六月、ファンタジー・オン・アイス２０１９ｉｎ富山で対談収録）

ステファン・ランビエル × 真壁喜久夫

直感と寛容さ――プロデューサーの資質とは

ステファンには助けられた

真壁　ステファンは、「ファンタジー・オン・アイス」の二〇一〇年の第一回から欠かさず出演してくれている、ショーにとってなくてはならないスケーターです。「ドリーム・オン・アイス」にも何度も出演していて、私が招いているスケーターのなかで最多の登場回数なんじゃないかな。

ランビエル　真壁さんとは本当に長いお付き合いになりましたね！　何回出演しているのか、ぼくはもうわからない。（笑）

真壁　二〇〇六年から、毎年欠かさず十四年連続して来日してくれているのを見て、改めて驚いてしまいました。それだけのものを必ず見せてくれるという絶大な信頼感があるからこそなんだけれど。

ランビエル　真壁さんとぼくはフィギュアスケートに対する価値観がよく似ているんですよね。ジョニー・ウィアーとも楽屋で話していることなのですが、真壁さんは新しい挑戦を恐れるということがない。だから、スケーターが自らを向上させていけるような挑戦の機会をつねに提示してくれます。「ファンタジー・オン・アイス」で最も楽しみにしているのはそのことなんですよ。

真壁　いつも完璧にコンディションを整えて、新作を引っ提げて来てくれる。私の側からすると、演出やコラボレーションを考えるときに、「これは相当なチャレンジだ」と思うようなことを任せられるのは、ステファンと、同じくらい長くファンタジーに出てくれているジョニーの二人です。どんな素材を渡しても、美味しく調理してくれるだろうという信頼がある。これまで長いあいだに本当に助けられてきました。

ランビエル　毎年、このショーのためにしっかりとした準備をするよう心がけていますし、観客のみなさんに新しいプログラムをお見せするようにしています。二〇一九年のショーでは、Ｔｏｓｈｌさんが歌う「Ｉ　ＬＯＶＥ　ＹＯＵ」でコラボレーションできたこと、また非常に久しぶりとなるクラシック音楽を使った新プログラムを初披露できたことが自分にとってのチャレンジでした。「ファンタジー・オン・アイス」で滑るときは、ファッションのデザイナーが新しいコレクションを発表するのと同じような気持ちなんです。つねに最先端のもの、新しいものを作り続けなければいけないと、毎回気持ちを奮い立たせてもらえる。真壁さんがそういう機会を与えてくれるんです。

真壁　そういう風に思ってもらえるのはうれしいですね。ステファンは「ドリーム・オン・アイス」にも出演し続けてくれたけれども、日本の選手たちが世界の舞台で強くなるためのエキシビションというコンセプトを考えると、若い選手にとって最高のお手本になるスケーターといったら、ステファンしかいないと思えた。現役スケーターが出演するエキシビションなので、ゲストであっても、現役引退後のスケーターは「ドリーム・オン・アイス」に出演してもらうことは減っていきます。でもステファンは、いつまでも現役選手にとってお手本となるスケーターであり続けてきた。

ランビエル　最初のころを思い出すと、「ドリーム・オン・アイス」を開催すること自体、真壁さんにとっては挑戦のひとつだったと思います。挑戦することが好きといっても、そこには必ずたくさんの障害が起きてくる。リスクを取らなければならない局面も多かったと思います。

真壁　まだまだ知られていなくて、集客に苦労する時期でしたね。ステファンはそういうのも見てきたから。

ランビエル　真壁さんは障害を恐れない。前向きな精神でいくつもの困難を乗り越えていく。でも、どんなときもはっきりした方向性をもっているんです。だからこそ、何年も何年もショーを続ける強さを身につけられたのだと思います。だからこそ、フィギュアスケート・コミュニティからの厚い信頼と実行力がある。挑戦することはポジティブな行為であって、障害を乗り越えることができれば、「ファンタジー・オン・アイス」のような、魔法のひとときを作り出すことができる。観客のみなさんがその豊かなイメージを思い描きながら帰路につき、夢を見続けること、そしてその新しいイメージと夢から、日々の暮らしを送る活力を受け取ることができること。そういうものを作り出している。真壁さんのエネルギーとディレクションによって、新しいものを生み出すチームが作られているわけです。真壁さんのヴィジョンの面白いところは、ひとつの特定のスタイルに固まっていないところ。だから、日本のスケーターのみならず、アメリカのスケーターはアメリカのスタイルを、ロシアのスケーターはロシアのスタイルを、誇りを持って滑ることができる。ぼくのようなヨーロッパのスケーターも。スタイルが違うスケーターたちがこんなふうにひとつになるアイスショーは他に類がありません。たったひとつの基準は、真壁さんのお眼鏡にかなうことなんです。

真壁　いや、私自身は自分の感覚だけを頼りにやっているだけなんですが。(笑) ただ、不可能なことはないと思ってやっています。このスケーターを招きたい、と自分が心から思えるスケーターを招聘している。ステファンの演技には全体の要になるところがあって、奇抜な演出をしたり、意外性のあるコラボレーションをしたりするときであっても、正統派のスケートでしっかりと締めてもらえる。助けられているというのが実感です。

ランビエル　十四年ですものね。いろいろなことがありましたね。(笑)

真壁　飛行機でステファンのスケート靴が入ったカバンがロストバゲージになったことがあったね。航空会社に必死で交渉したけれど一向に出てこなくて、どうなることかと思ったけれど、靴と衣装をそれぞれ別のスケーターから借りてまで、予定通り滑ってくれた。

ランビエル　あのときもみんなが協力してくれて、解決策を見つけたんです。

真壁　あのころはアイスショー事業を始めたばかりで、まだ苦しい時代でしたから、どんなにありがたいと思ったか知れません。

記憶に残るプログラム

真壁　私にとってはいちばん記憶に残るステファンのプログラムは、フラメンコを題材にした「ポエタ」。あのプログラムを滑ったシーズンの世界選手権で三位になったのは、競技の成績という意味では、ステファンとしては悔しかったのかもしれないけれど、プログラムとして本当に素晴らしかった。二〇〇八年、「ポエタ」を振付けたアントニオ・ナハーロとステファンのコラボレーションとして、氷上で共演してもらうというアイディアを実現させたのも、「ポエタ」に深い感銘を受けたからこそです。新しいことに挑戦するとき、いつもそこにステファンがいてくれた。要望に必ず応えてくれるという信頼は絶大ですよ。

ランビエル　真壁さんとぼくは、性格も考え方も違うんだけれど、お互いを尊重し合う寛容さという点では一致していますよね。真壁さんはプロデューサーとして本当に寛大な人で、直感でいいと感じたスケーターにチャンスを与えてくれる。ぼくもそういう考え方には共感していて、氷の上で人々とつながり合うチャンスを作りたいと思っている。直感に従って、人々と結びつきを築くのは素晴らしいことだと思います。これほど多彩なタイプのスケーターがひとつのショーに招かれていることに、いまだに驚かされることがある。どんなスタイルの持ち主でもチャンスを与えるということは、さまざまな背景をもつ観客が、誰でも自分とのつながりが感じられるスケーターの誰かと出会えるということを意味します。つまりたくさんの人々が、フィギュアスケートのさまざまな側面を理解してくれるということ。それはとても豊かな場だと思う。フィギュアスケートはひとつだけしかない道ではなくて、たくさんの方向性があり、アプローチがあるのだとはっきりとわかる。ジャンプはなくとも偉大なカリスマ性を発揮するフィリップ・キャンデロロのようなスケーターもいれば、織田信成のようなプロであっても高い身体能力を見せるスケーターもいる。彼らは一例に過ぎず、いくらでもスケーターの名前を挙げられます。フィギュアスケートの多様性を示すことが、真壁さんが成し遂げていることなのだと思うんです。

真壁　直感とか、第六感などといってもらうと格好はいいけれど、やっているほうは、あてずっぽうみたいなところもあるよ。（笑）ただ、「違い」や「驚き」こそが人を惹きつける。それこそがエンターテインメントを作り出すという意識はもっています。明るい持ち味の演技のあとには重い雰囲気の演技、というふうに、演技順にはかなり気を配ります。

ランビエル　甘いお菓子はおいしいけど、甘いものばっかりだったら飽きてしまうでしょう。胃が重くなってしまう。(笑)それと同じですね。

真壁　そのなかでも、やはりコラボレーションが「ファンタジー・オン・アイス」のアイデンティティであり要諦だけれど、日本語がわからない海外からのスケーターに、日本語歌詞の歌を渡すのが申し訳ないなという思いはありますね。もちろん歌詞の英訳も渡すんですが、ニュアンスを掴んで滑りに反映させるのは大変だと思います。だからこれぞという曲は、ステファンのような人に滑ってもらいたい。ＡＩさんの曲でコラボレーションをしたときも、アーティストときちんとコミュニケーションをとって、日本語の曲のエッセンスを見事に表現してくれた。そういう新しい取り組みのなかから、観客を驚かせ、喜ばせるようなパフォーマンスが生まれてくると私は信じているんです。コミュニケーションというのは不思議なもので、言葉以上の何かで通じ合っている。ステファンは少し日本語が話せるけれど、言語的に違うアーティストとのあいだで、気持ちを通わせるのは難しいんじゃない?

ランビエル　難しいとは思いませんね。今回は、ぼくの教え子のコウシロウ(島田高志郎選手)が歌詞の翻訳を助けてくれました。日本においてどんな位置づけの曲なのか、いくつかアドバイスをくれて、ラブストーリーを歌った曲なんだと一生懸命説明してくれた。それで楽曲のコンテクストがわかったので、どう解釈したらいいか、動きにどんな意味を持たせればいいのかがやりやすくなりました。最高の形でお見せするにはどうすればいいのか、いつも最良の道を探っているんです。

真壁　それは見ていてもわかります。リハーサルでの試行錯誤で、ショーの期間中にもよりよくなっていく。ステファンはとくにストイック。

ランビエル　コラボレーションは、その場で歌ってくれるアーティストのエネルギーを感じられる特別な機会です。リハーサルでＴｏｓｈｌさんが歌っているのを聴きながら、本当に特別な気持ちになれた。録音された音源を聴くことと、その場で歌っている声を聴くことには圧倒的な違いがあります。ステージに現実にアーティストが立ち、歌い始めることで、天啓のような気づきを得られる。「このために自分は滑るのだ」と納得できるんですね。コラボレーションを滑るたびに、新たな次元を開くことができたと思うことができるのはそれが理由です。

真壁　岡本知高さんをアーティストとしてお招きした年は、岡本さんは圧倒的な歌声をもつオペラ歌手だから、やはり「ネッスン・ドルマ（「トゥーランドット」より「誰も寝てはならぬ」）」をコラボレーションに選ぶしかないと思っていましたし、それを滑るのはステファンしかいないと思っていました。そうやって、実力の面でも個性の面でも必ずマッチすると確信してお願いするケースもある。いっぽうでは、アーティストの個性とスケーターの個性という面では少し違うかもしれない、でもこの人たちならその違いを乗り越えて、新しいものを見せてくれるはずだ、という別の確信をもってお願いする場合もある。それに、コントラストの強い曲を二つ選んで、たとえばステファンとジョニーにお願いして、その対比をはっきりと見せるというやり方を取る場合もある。二〇一九年のショーではどうだったかというと、ステファンに滑ってもらった「I LOVE YOU」はもともと尾崎豊さんが歌った曲をToshlさんがカバーして、圧倒的な歌唱力で歌っている。この曲をショーに選んだときから、滑り切れるのはステファンしかいないという確信があった。

ランビエル すごくうれしいです。このラブソングはとても濃密でドラマティックな主題をもつ歌。つまり、真壁さんがぼくのことを濃密でドラマティックだと理解しているということでしょう。そこがうれしい。

真壁 そうなのかもしれない。(笑)

ランビエル ぼくの過去のメダルや実績ではなく、ぼくのパーソナリティに応じて選んでくれている。これまで長いあいだ一緒にやってきただけあって、真壁さんほどぼくという人間を理解している人は少ないと思います。ぼくだけではなくて、真壁さんは時間さえあれば世界のどこまでも試合やショーを見にいく人だから、招くスケーターの個性をよく知っていて、みんなに適した曲を選んでいる。経験と知識のなせるわざですよね。

真壁 この仕事は結局、自分の目で見たことを信じるしかないわけだからね。ショーのみならず、試合も相当数見にいきます。そのときに「いい」と思った選手にはアプローチすることもありますよ。自分の直感でいいと感じたスケーター、フィリップ・キャンデロロやステファン、ジョニーといった人たちとは、その後十年以上にわたる協力関係を築くことができたわけだから。

ランビエル　そういう直感を信じることがプロデューサーの仕事には大事だと学んできた。ぼくも母国スイスで自分のアイスショーを開催するようになりましたが、真壁さんから学んだことは大きい。招待するスケーター一人ひとりに滑ってもらいたい曲を手元でプレイリストにしてあるし、音楽を聴くときはいつも、「この曲だったら誰に滑ってもらいたいか」を考えて聴くようになりましたね。

強い気持ちが原動力に

真壁　ステファンもアイスショーを主催するようになって、プロデューサーの発想になっているよね。以前、客席の入りがあまり芳しくなかった公演のときに、ステファンが私のところに来て、「大丈夫？」と心配してくれたことがあった。たしかにあのときは赤字だったんだけど、やはりプロデューサーとしての視点でショーを見ているんだと実感した出来事でした。

ランビエル　事業ということを考えると、どれだけリスクを取るか、という点も考えさせられます。

リスクを取りすぎてしまうと最後には続けられなくなるけれど、リスクを過剰に恐れていては、成功はおぼつかない。ぼくが教えている生徒たちにもそういう話をするんです。自分の頭のなかで思い描いている理想のイメージに囚われて、その場所から動けずにいるか、それとも少しでも理想に近づくために動き出すのか？　目的に向かう道の途上にはたくさんの障害物があるんだけれど、いつだっていちばん大変なのは最初の壁を越えること。もし最初の壁をクリアできたら、次の障害を乗り越える力と勇気がもらえる。どんなことでも、最初の一歩がいちばん大変です。だから大事なのは、小さなことでもいいから、とにかく最初の壁を越えるという経験をすること。そうすれば恐れも不安も薄れて、次に向かっていくことができる。

真壁　ステファンにとっては、プロスケーターになって最初にぶつかった壁はどんなものだった？

ランビエル　どっちに向かえばいいかわからなかったことじゃないかな。（笑）プロスケーターとしての自分のイメージを最初は思い描くことができなかった。方向性を見出すためには、こうなりたいという強固なイメージをもたなくてはいけない。でも、成長につれて気持ちも変わっていくものだから、同時にイメージはフレキシブルでなくてはいけない。真壁さんがもっているのは、まさに強固にしてフレキシブルなイメージだと思いますよ。だからこそ道を外れないし、柔軟に対応していける。ぼくにとっては、競技を引退したあと、「これからどうする？　何がしたい？」ということを見つけ出すのが最初の壁でした。ずっと長いこと、競技でいい成績を取ることを目指してやってきたので。

真壁　自問自答をしたわけだ。

ランビエル　本当に迷子でした。

真壁　私もそうですよ。最初にアイスショーを開催したときは、まだ会社を立ち上げて三年目だったのに、大赤字をこしらえてしまった。それを一回で止めていたらいまはないわけで、二回目をやろうと思う原動力になったのは、スケーターや人のためになること、意義のあることをしようという気持ちだったと思う。自分だけのためならできなかった。そこからは試行錯誤の連続でしたが、とくに二〇〇八年の「チャンピオンズ・オン・アイス」で実験的な演出に取り組んだ場数と経験が、その後につながった。自分のショーではなかったので、場数、場数でやはり苦しかったですよ。でも「ファンタジー・オン・アイス」を二〇一〇年にスタートさせることができ、それからちょうど十年。この十年の歩みは、一足飛びとはいかず、十年という時間の厚みがあってこそ。いろいろな試みをしてきたけれど、不思議なもので、アイディアが尽きるということがなくて、やりたくてしょうがないことがまだまだ増えている状態ですね。

ランビエル　結局、そういうことなんですよ。強い気持ちがあってこそ、新しいエネルギーを巻き込んで前に進んでいくことができる。

真壁　振り返ってみると、ステファンのパフォーマンスで思い出深いのは、「ドリーム・オン・アイス」で滑った「レット・ザ・グッド・タイムズ・ロール」ですね。ステファンにしかできない演技だった。あれは二〇一〇年の「ドリーム」だったかな？　レイ・チャールズの音楽で、紫色のシャツの衣装をつけて滑っていたしゃれたプログラムをいまでも思い出します。

ランビエル　毎年、何か違うものを見せようと、考え続けています。二〇一九年の公演のためにシューベルトの曲で作ったプログラムは、自分としては怖いなと思いながら滑った。クラシックの音楽で滑るときはすべてが正確でなくてはいけないから、ぼくのいまの年齢で滑るのは怖いことなんです。とても静謐な音楽ですから、ミスしたら一目瞭然。いま真壁さんが挙げてくださったプログラムは、シャープでスピードがあり、いわば〝若い〟プログラムだった。それから十年経って、ぼくのパフォーマンスもずいぶん変わりました。シューベルトのプログラムはとても自省的で、いま現在のぼく自身のスケート観がこめられた作品になっています。ぼくはそうやって、恐れることなく自分の道を選んで進んでくることができた。真壁さんにその後押しをしてもらったと思います。信頼されていると感じると、人は自信をもつことができるものです。

真壁　アイスショーを開催しているその同じ時代に、ステファン・ランビエルというオンリーワンのスケーターがいてくれたことに感謝していますよ。いま、ステファンは先生として若いスケーターに教えているけれど、それがあるべき姿だと思いますね。スケートに対する姿勢、若い世代に対する姿勢は昔から一貫しているから。

ランビエル　コーチの仕事を始めてもう五年になるけど、辛抱強く待つことも大切だなと実感します。もちろん、タイミングも、スピードも、情熱をもつことも、全部大切なんだけれど、同時に急がないこと、一つひとつの挑戦に時間をかけることもとても大事。無理強いしたところに成功はありません。自分が選手だったころは、同時に何もかも達成したいと欲張っていた。長期的視点をもつようになると、焦らずに物事を順番に達成していくという発想になるものなんですね。それは「ファンタジー・オン・アイス」のたどってきた道と同じなんだろうなと思います。賢明さを保ちつつ、情熱は絶やさないことですよね。

真壁　いいときも悪いときもあるし、「ファンタジー・オン・アイス」が確立していくまでの過程にはつらいことも多かったですよ。名前がよく知られているゲストスケーターを招くことはもちろん重要だけれど、それだけではなく、ショーの本質的な部分、いかに飽きさせずにショー自体のクオリティを上げていくかということをつねに考えてきた。そこに注力してくることができたのはよかったと思うし、その部分ではステファンはつねに中心を担ってきてくれた。

ランビエル　フィギュアスケートをアートにした、ということですね。

真壁　誰にも負けない内容にしようという気持ちはつねにありました。

ランビエル　それだけフィギュアスケートの地位を上げてきたということだともいえる。ショーに出演するスケーターたちがそれぞれの表現、それぞれの個性を発揮するチャンスを与えてもらった。カリスマ性のあるスケーターというのは、そういう経験がないと育たないんです。若いスケーターにとっても、フィギュアスケートの芸術的な側面を伸ばすために、年上のスケーターの表現を見て学べることはとても多い。フィギュアスケーターという存在は、技術と身体能力の限界を突破することも大切ですが、同時にひとりのアーティストとして、観客のためにエモーションを届ける存在でなくてはならないんです。その二つの側面の押し引き、いかにバランスを取るかという点も見どころなんだけれど、真壁さんはそのバランスをいきいきとしたものにするうえで、日本のマーケットで大きな役割を担ってきた。フィギュアスケートは数値だけで計量するスポーツではなくて、観客と共振しながら感動を作り出せるスポーツであり続けなくてはいけない。そういう場を作り出すという意味で、真壁さんにはリスクに負けずさらにがんばってもらいたいです。(笑)

(二〇一九年五月、ファンタジー・オン・アイス２０１９ｉｎ幕張で対談収録)

ジョニー・ウィアー × 真壁喜久夫

ショーという魔法を生み出すヴィジョン

アートとしてのフィギュアスケート

真壁　ジョニーは二〇〇七年の「チャンピオンズ・オン・アイス」の演技が強烈に印象に残っているんですが、最初に一緒に仕事をしたのはさらにその前でしたね。

ウィアー　二〇〇七年は「エンチャンテッド」と、「ペインフル・ロンギング」というプログラムを滑ったかと思います。どちらも自分で振付けた作品でした。ぼくはその前に、二〇〇六年の「ドリーム・オン・アイス」にも来ているんですよ。さらにその前に日本に来たときはまだ現役で、真壁さんのショーではなくて、二〇〇四年のNHK杯に出場するためでしたね。ぼくはシズカサン（荒川静香）と現役が重なっているので、彼女がオリンピックで優勝して、それから日本でフィギュアスケートブームが起きる過程を見てきました。本当に大人気になりましたよね。

真壁　荒川さんがトリノで金メダルを獲った後、ちょうどその境目に招聘したのが「チャンピオンズ・オン・アイス」だったんです。そのなかでもジョニーは異彩を放っていた。ジョニーのあの演技を見ていて、これはアートだという直感が働きました。あれは忘れられない。

ウィアー　「チャンピオンズ・オン・アイス」はとても北米的なショーで、スケート、スケート、またスケートという感じのシンプルな構成でした。滑走順も、現役の競技でのメダルの序列どおり。でも真壁さんは、ライブミュージックをショーに取り入れるというまったく違う方向性に向かうヴィジョンをもっていた。ぼくはそのことにとても感動したんです。ミュージシャンを呼び、ダンサーを呼び、スケートではないパフォーマンスをアイスショーに盛り込んだ。あのころ、ほかに見当たらなかったですよね。

真壁　「チャンピオンズ・オン・アイス」の枠組みで呼んだけれど、以前からやってみたいと温めていた構想をショーのなかに入れてもらったんですよ。ある程度、やりたいことが実現できたと思えたショーだった。

ウィアー　スポーツとしてのフィギュアスケートだけを見せようとするのではなく、アート全体に造詣があり、尊重する気持ちがあるプロデューサーのもとで仕事ができるというのは、パフォーマーにとって特別なことです。音楽とカルチャーを愛し、新しいアイディアや衣装を楽しみながら、違う地域からのスケーターたちを日本の観客に紹介してきた。素晴らしい仕事をなさってきたと思うし、いつも感銘を受けています。

真壁　それはおそらく、私自身がフィギュアスケートに感動したという原体験から来ているのだと思います。アスリートたちが戦うスポーツでありながら、パフォーマンスとして観客を感動させる側面もある。フィギュアスケートを知ったばかりのころに、そのことが非常に印象的でした。

ウィアー　ぼくがフィギュアスケートを愛しているのも、まさしくスポーツでありながらアートでもあることが理由なんです。同じですね！　アイスショーは魔法のような瞬間を見せてくれる場だと思う。スケートを始めたばかりのころ、まだ子どもだったぼくは、初めてアイスショーを見て心から魅了されました。魔法だと思った。でも、自分もスケート選手として成長し、アイスショーに出させてもらうようになると、年を追うごとに、これは同じことの繰り返しだなと思うようになった。ショーをさらにアーティスティックな場にしようとするアイディアと熱意が、ぼくが出ていた北米のショーにはあまり感じられなかったんです。ぼくは、これとは違う何か、ショーを輝かせる魔法をかけてくれる人を待ち望んでいたといえる。真壁さんにははじめからそういうヴィジョンがあって、フィギュアスケートにまつわるすべての側面を打ち出そう、スケーターとともに作り上げようとしていることが伝わりました。スケーターを選ぶときも、オリンピックや世界選手権のメダルがなければ門前払いということはまったくなくて、アイスショーをよりよいものにできる個性があるスケーターを尊重して、門戸を開いてくれたんです。というわけで、ぼくがここにいられるんです。(笑) ぼくはオリンピックのメダルも、世界選手権のタイトルもないですからね。そんなぼくを招き続けていることひとつ取っても、真壁さんのフィギュアスケート観が出ていると思う。

真壁　ジョニーを呼ぶのは十三回目だと思うけれど、ジョニーは振付も選曲も衣装も、いつも非常にユニーク。でも、奇抜なように見えて、それはちゃんと計算された奇抜さなんですよね。お客さんを喜ばせるにはどうしたらいいかということを考え抜いている。いつも選曲で驚かされ、衣装で驚かされ、パフォーマンスで驚かされる。観客は心動かされる体験を求めているわけだから、それはエンターテインメントの作り手として正解なんです。私なんかは、「このぴったりした衣装、本当に着るの!?」とびっくりすることも多いんだけど。(笑) レディー・ガガの曲を使ったプログラムのときも大胆な衣装に驚いたけれども、観客は大喜びだった。「ファンタジー・オン・アイス」の目指すものや、観客層の好みなど、あらゆる点をしっかりと考慮に入れたうえで、氷の上ではそうした計算を一切感じさせずにはじけた演技を見せてくれる。このショーのために、このショーに合ったプログラムを用意してくれたんだと感じられるのは、やはりうれしいものですよ。

ウィアー　新鮮さを保ち続けることは意識しています。ショーは全体がひとつのスペクタクルだから、全体のなかのバランスは大事にしていて、二つプログラムを滑るとしたらひとつはアーティスティックで上品なプログラムに、もうひとつは楽しくてポップなプログラムにしている。そのコントラストはぼく自身のキャラクターの二つの面を表現しています。

真壁　そう、表現の振り幅がある。だから冒険しようと思うときは、ジョニーに頼むんですよ。二〇一八年の「ファンタジー・オン・アイス」がいちばんいい例。

ウィアー　「川の流れのように」ですね！

真壁　誰がフィギュアスケートで滑ると想像しただろうか。（笑）日本であまりにもよく知られた歌だけに、日本人のスケーターが滑るのはなかなかこなしきれない。すると思い浮かぶのはジョニーなわけです。きっとこの意外性ある選曲を滑り切ってくれるだろうと。

ウィアー　ぼくだって決して観客のみなさんにショックを与えたいと思っているわけじゃないんですよ。（笑）「ファンタジー・オン・アイス」を見に来てよかったな、と思ってもらえるような、素敵な時間を過ごしてほしい。いろいろある演技のひとつ、というだけじゃなくて、「ジョニーがあんな衣装でこの曲を滑った」と記憶して帰ってもらえたらうれしいんです。ぼくがやっていることはすべてお客さんのためなんです。

真壁　ショーの構成を考えていても、空気を変えたい、ここに動きを出したい、という押さえどころは、だいたいジョニーに担当してもらっている気がしますね。ずっとジョニーに頼っていたわけだけれど、それもだんだんと変わってきた。最初のころは、ジョニーが作ったプログラムをそのまま滑ってもらって、ジョニー自身の独創性に頼っていたけれど、次第に「ファンタジー・オン・アイス」に焦点を絞ったプログラムを作ってきてくれるようになった。それが、去年からはコラボレーションによって、いわばもっとも尖った表現、新鮮な表現をジョニーが担ってくれるようになった。

氷の上こそ居場所

ウィアー　ビジネスパーソンやプロデューサーの手腕は、いかにトレンドを作り出すかというところにあると思う。流行をただ追いかけているだけではなくて、自分からトレンドを発信すること。真壁さんはそういう波を作り、マーケットを作り出したと思います。「ファンタジー・オン・アイス」出演者のなかではぼくは最古参だけど、そのあいだずっと客席からの反応の変化を肌で感じてきた。日本の観客のみなさんはぼくらの演技の一つひとつに反応をくれる、とても知識のある方々です。真壁さんの作った場で、スケーターも、観客の皆さんも、一緒になって成長してくることができたのだと思います。そして、毎年その人たちをまた驚かせるような新機軸を打ち出してきた。スケーターは毎年違う自分、新しい自分を見せようと努力していますが、それと同じことを、アイスショーという形でやってこられたんだと思いますよ！

真壁　そもそも、「ファンタジー・オン・アイス」でどうしてもやりたかったことが、ヴォーカルとのコラボレーションでしたからね。最初のころはアーティストは一組招くのが精いっぱいだったわけですが、スケートとはなんぞや、というところから始まって、コラボレーションが目の前で深まっていく。世界で活躍するスケーターと一緒に歌うことができて幸せだと言ってくれる。たんに楽曲とスケートということではなくて、アーティストの気持ちとスケーターの気持ちが近づいて、お互いを尊敬しながら、一緒にいいものを作ろうという絆がそこに生まれてくる。真のコラボレーションとはこういうものだと、毎回私も感動しているんです。そのとき、その場に居合わせた観客しか見ることができないコラボレーションです。スケーターの集中力が増して、アーティストのヴォーカルにも力がこもると、その空間が別次元に入っていくような感覚がある。

ウィアー　スケーターは普段慣れた曲にのって、自分の演技だけに集中して、ひとりで滑っていますから、コラボレーションは全然違う感覚なんです。自分ではないほかの誰かにフォーカスすることで、空間全体のヴィジョンを得ることができる。視点が高くなるといえばいいのかな。それは自分のプログラムを滑っているだけでは得られないものなんです。素晴らしいアーティストと一緒にやるプレッシャーは気持ちいいものですよ。Ｔｏｓｈｌさんは大スターで、パフォーマンスも最高だったから、それに見合う素晴らしい演技にしなければと思いながら滑った。そこに強いエネルギーを感じました。観客が入ることで、そのエネルギーがいっそう増幅される。違うジャンルのアーティストたちと観客が集まって作り上げる、最高の空間が生まれるんです。

真壁　毎年、かなり曲調の違う楽曲をお願いしているけれど、難しいと感じることは？

ウィアー　曲調が違うというよりも、どれも日本の有名な曲なのに、ぼく自身は初めて耳にするというところに難しさを感じます。歌詞も日本語だから、日本のみなさんが感じているような曲への結びつきと同じレベルまで、楽曲を自分のなかに落とし込むのはちょっと大変。だから音楽そのものというよりも、その曲によって生まれるエモーションを理解することに努めています。それにはアーティストの歌声の調子に注意深く耳を傾けることが大事で、事前にしっかり聴き込んでいても、いざ自分が滑るとなると、曲が高まるところに集中しつつ、自分らしい滑りをそこに乗せていくのは大変ですね。その挑戦こそがぼくを惹きつけているんですけれど。つねに挑戦し続けてきたからこそ、こんなに長く滑ってくることができたのだと理解している。氷に乗るたびにそのことを思わずにいられません。真壁さんが仕掛けてくるチャレンジのおかげなんですよ。

真壁　「川の流れのように」は演歌だから、曲の節回しからして難しかっただろうなと思います。ああいう曲でやったことはないだろうに、ジョニーはしっかり演技に昇華してくれた。あのときは私もジョニーとまったく同じ気持ちになっていたと思う。曲がかかった瞬間の客席のざわめきと驚き。「してやったり」と感じた思いが、ジョニーと通じ合っていた。日本人にとってどれだけ大きな歌かということも、あれでジョニーは気づいたんだよね。毎回期待を上回ってくれるから、次のチャレンジも欲が出る。

ウィアー　ぼくはレディー・ガガと共演して、ぼくも着飾って滑りたい。（笑）

真壁　レディー・ガガさんとは親しいでしょ。お友だち価格でぜひ一緒に来てほしいな。（笑）ジョニーは二〇二三年でスケーターを引退すると言っているけれど、そのあとでもジョニーが滑りたいと思ったらいつでも出演してほしいと思っていますよ。

ウィアー　ぼくは「ファンタジー・オン・アイス」とそのファミリーを尊敬しているから、彼らにふさわしい演技を見せられる自分でありたいと思っているだけです。そのための努力なら惜しみません。誰よりも自分への期待値が高くて、可能であるなら完璧以外のものを見せたくない。もちろん、スケートをやめることを考えるたびに涙が出てしまうくらい、いまから寂しいんだけれど。

真壁　毎回、最大限にコンディションを整えてきてくれる、その意識の高さは感じていました。

ウィアー　氷の上ほど、自分の居場所だと感じられるところはほかにありません。緊張することもなくて、ここにいていいんだという気持ちが湧いてくる。フィギュアスケートに出会って人生が変わったし、ぼくの人生を形づくってくれたこのスポーツを愛してやまないんです。

真壁　私も、アイスショーに取り組み始めた最初のころは、面白そうだし事業化できそうだ、というようなビジネスマンの感覚だった。初回のアイスショーで赤字を出してしまったときに、それだけだったら撤退していたと思うんですね。最初のアイスショーで手ごたえを感じたのが、スケーターの役に立った、観客の役に立ったという実感だったんです。いまでも続けているのは、スケーターにとってはショーに出ることで勉強になり強化につながる、観客にとっても喜びを受け取ることができる、ということが強く心に刻まれているからです。だからスケーターも一流、アーティストも一流のショーを作り上げたい。毎年、何がなんでも違うことをやって、毎年変化をもたらしていくアイスショーでありたい。そういう思いですよね。

ウィアー　人が為せるいちばん尊い行いは、ほかの誰かに幸せをもたらすこと、感動を手渡すことだと思うんですね。自己評価だけど、ぼくもその点においてなかなかがんばってきたと思う。でも真壁さんがしてきたことは本当に特別で、毎年変わっていくオンリーワンのアイスショーを作ってきた、お客さんに感動を手渡してきたということに加えて、ぼくたちスケーターにも大切な思い出を与えてくれたんです。ぼくらは競技者として出会い、お互いに戦ってきたから、そういう間柄で本当の意味で友だちになるのは難しいことです。けれど、「ファンタジー・オン・アイス」で同じ時間を過ごすなかで、たとえば現役時代には親しくなるなんて思っていなかったステファンと、親友といえるような間柄になれた。滑る機会を与えてくれたこと、ファンのみなさんのために何かを届ける機会を与えてくれたことだけじゃなくて、ぼく自身のパーソナルな面で、真壁さんには大きなものを与えてもらったと感じています。

（二〇一九年五月、ファンタジー・オン・アイス２０１９ｉｎ幕張で対談収録）

おわりに

どんなことでもいいから、アンテナを立てておけ。目先のことだけを見ていたら、何も見えてこない。アンテナを立てて、チャンスを見逃すな。仕事をする上で、私が大切にしてきた姿勢である。そのアンテナによって、幾多の紆余曲折を経ながらも、エンターテインメントビジネスの成功へと導くことができたのか、本書をお読みくださった方にはすでにおわかりいただいたと思う。

何が成功に結びつくのか、アンテナが反応した時点ではわからないことが多い。それでもフットワークを軽く、人々とのつながりを大切に、あらゆることに興味を持ち続けることが大切なのだと思う。考えてみれば、エンターテインメントとは人を楽しませることなのだから、それが当然なのかもしれない。

ここまで進んでくることができたのは、お客さまを驚かせたい、感動させたいという思いゆえだ。ただ、そのなかでも、この人を驚かせたい、喜ばせたいと願い続けた存在がいる。私の妻、智佳子だ。アイスショーを立ち上げたとき、一人ひとり電話をかけてチケットのセールスまでしてくれた妻は、そのアイスショーが大赤字に終わったことがわかっていながら、「パパ、とてもよかったよ」と言ってくれた。いつも「がんばって」と励ましてくれた。その言葉を支えに事業に邁進していたところ、あるとき、「パパ、すごいね」という言葉に変わった。二〇〇六年の「シアター・オン・アイス」だったと記憶している。しみじみとうれしかったし、また「パパ、すごいね」と言われたいと強く思った。そうやってここまで進んでくることができたのだと感じている。

昭和の仕事人間で家のことは何もしなかったから、二人の子を育てながら、仕事柄浮き沈みのある私のような人間を支えるのは大変だったはずだ。それでも、いつも明るくのんきな妻の性格があったからこそ、いまの私があると思っている。どんなときも励まし続けてくれ、本書の企画が立ち上がったときにも喜んでくれた妻は、二〇一九年五月、十年目の「ファンタジー・オン・アイス」開幕を目前にしたある日、何の前ぶれもなくこの世を去った。いまだから言えるが、十年目の「ファンタジー・オン・アイス」は遺骨がまだ自宅にあるなかで留守にするのが非常につらく、努めて明るくふるまってはいたが、早く家に帰りたいと思っていた。その後も、妻が亡くなり、どうしたらいいかわからない空虚感と絶望にとらわれた私を、小さいころ顧みることの少なかった娘と息子がいま何くれとなく助けてくれている。妻が生んで妻が育ててくれた彼らの存在は私の生きる希望であり、妻に感謝するばかりだ。

妻をもっと喜ばせたい、「すごいね」という言葉を聞きたいという気持ちはいまも消えることはない。妻の献身に恥じないように、今後も志をもって前途を切り拓いていきたいと決意している。

真壁喜久夫

二〇二一年一月

亡き妻、ママに捧ぐ

写真　株式会社　シャッターズ
P116〜135、121〜123、126〜128
有限会社　ジャパンスポーツ
P97、98、100〜115
新書館
P120、124、125
著者蔵
P98、99
装幀・本文レイアウト　SDR（新書館デザイン室）

真壁喜久夫
プロデューサー、株式会社CIC代表取締役。一九八〇年代からフィギュアスケートの大会運営に携わり、二〇〇一年からアイスショーを各地で開催。「ファンタジー・オン・アイス」を創設したほか、エキシビション「ドリーム・オン・アイス」「メダリスト・オン・アイス」「アイス」など多数のスポーツ・文化イベントを手がける。

「志」アイスショーに賭ける夢

二〇二一年二月十五日　初版第一刷発行
二〇二一年三月　十　日　初版第二刷発行

著　者　真壁喜久夫
発行者　三浦和郎
発　行　株式会社　新書館
〒一一三-〇〇二四　東京都文京区西片二-一九-一八
電話　〇三(三八一一)二八五一
(営業)〒一七四-〇〇四三　東京都板橋区坂下一-二二-一四
電話　〇三(五九七〇)三八四〇　FAX　〇三(五九七〇)三八四七
印刷・製本　中央精版印刷株式会社

Printed in Japan ISBN978-4-403-23127-8